Faire construire :
évitez les pièges

Juliette Mel

Faire construire : évitez les pièges

Deuxième édition

EYROLLES

Éditions Eyrolles
61, bld Saint-Germain
75240 Paris Cedex 05
www.editions-eyrolles.com

Direction de la collection « Vie quotidienne » : Michel Bouilly et Antoine Despins
Maquette intérieure et mise en pages : Nordcompo Multimédia à Villeneuve d'Ascq

Le code de la propriété intellectuelle du 1er juillet 1992 interdit en effet expressément la photocopie à usage collectif sans autorisation des ayants droit. Or, cette pratique s'est généralisée notamment dans les établissements d'enseignement, provoquant une baisse brutale des achats de livres, au point que la possibilité même pour les auteurs de créer des œuvres nouvelles et de les faire éditer correctement est aujourd'hui menacée.
En application de la loi du 11 mars 1957, il est interdit de reproduire intégralement ou partiellement le présent ouvrage, sur quelque support que ce soit, sans l'autorisation de l'Éditeur ou du Centre Français d'exploitation du droit de copie, 20, rue des Grands Augustins, 75006 Paris.

© Groupe Eyrolles, 2005, 2008, ISBN 978-2-212-54004-8

Sommaire

Introduction 7

Chapitre 1 : Choisir son terrain 9
Chapitre 2 : Obtenir un prêt 29
Chapitre 3 : Demander un permis de construire 41
Chapitre 4 : Déclarer ses travaux 67
Chapitre 5 : Réaliser seul sa construction 83
Chapitre 6 : Faire construire sur son propre terrain 99
Chapitre 7 : Faire construire sans être propriétaire
  du terrain 113
Chapitre 8 : Mandater un promoteur 131
Chapitre 9 : Recourir à un architecte 143
Chapitre 10 : Acheter une maison préfabriquée
  ou inachevée 149
Chapitre 11 : S'assurer 157
Chapitre 12 : Engager la responsabilité du constructeur 169

Annexe 183
Bibliographie et adresses utiles 187
Index 189
Table des matières 197

Introduction

Faire construire, voilà un objectif partagé par tous ceux qui désirent maîtriser leur choix en matière d'accession à la propriété. Derrière cette ambition, d'apparence séduisante, peuvent se cacher un certain nombre de difficultés, voire de pièges, que ce livre veut vous aider à vaincre.

Construit de façon chronologique, l'ouvrage va vous guider, pas à pas, et au fur et à mesure de l'avancement de votre projet. La consultation de la table des matières détaillant tous les thèmes traités, ainsi que le recours à un index très complet en fin d'ouvrage, doivent vous permettre également de répondre à toutes les interrogations que vous pouvez avoir.

Que ce soit à propos du choix du terrain, du permis de construire, de la déclaration de travaux, du recours à un promoteur ou à un architecte, du financement ou de l'assurance, ce livre vous donne les clés pour réussir votre projet, en mettant l'accent sur la réglementation juridique correspondante. Car c'est avec l'arsenal des dispositions légales en vigueur que l'acquéreur pourra se garantir contre la majorité des difficultés qui peuvent survenir lors de la construction et faire de cette entreprise une expérience réellement positive.

Chapitre 1
Choisir son terrain

- Consulter le cadastre
- Consulter le plan d'occupation des sols ou le plan local d'urbanisme
- Demander un certificat d'urbanisme
- Vérifier l'existence de servitudes

Avant de choisir son terrain, il est nécessaire de prendre plusieurs précautions afin d'éviter les mauvaises surprises. Il faut, par exemple, penser aux éventuels problèmes de fondations, d'implantation ou de servitudes. Pour ce faire, plusieurs démarches sont possibles voire indispensables.

La première consiste à aller consulter le cadastre ainsi que le plan d'occupation des sols ou le plan local d'urbanisme. En outre, si vous comptez entreprendre des travaux de gros œuvre, nous vous recommandons de demander à l'administration un certificat d'urbanisme.

Consulter le cadastre

La première démarche à effectuer avant d'envisager une construction est d'aller consulter le cadastre. Le cadastre est traditionnellement défini comme l'ensemble des missions de recensement des propriétés foncières (terrains, maisons…), de leurs propriétaires, des limites de ces propriétés ainsi que de leur évaluation concourant à déterminer l'assiette de l'impôt foncier. Le plan cadastral a pour finalité de vous renseigner et de vous permettre de repérer les parcelles en les délimitant graphiquement par rapport aux parcelles voisines. Il vous indique également la présence éventuelle de bâtiments. Enfin, chaque parcelle est identifiée à l'aide d'un numéro.

La documentation cadastrale comprend :
– la matrice qui énumère pour chaque propriétaire la liste des biens qu'il possède dans une commune avec leur consistance et leur évaluation ;
– le plan cadastral qui représente graphiquement le territoire communal dans tous les détails de son morcellement en propriétés ;
– les états de section qui constituent la légende du plan (désignation cadastrale, adresse, contenance…) ;
– les services administratifs rattachés à la parcelle.

Pour consulter le cadastre, il vous suffit de vous rendre à la mairie de la commune sur laquelle est situé le terrain.

Consulter le plan d'occupation des sols ou le plan local d'urbanisme

Depuis la loi dite « Solidarité et renouvellement urbains » (SRU) en date du 13 décembre 2000, le plan d'occupation des sols (POS) tend à être remplacé par le plan local d'urbanisme (PLU). Lorsqu'un plan d'occupation des sols a été mis en place avant l'entrée en vigueur de cette loi, il conserve sa dénomination jusqu'à sa modification. Il devient alors un plan local d'urbanisme. Les documents locaux établis postérieurement à l'entrée en vigueur de la loi sont tous des plans locaux d'urbanisme. Les deux appellations sont donc toujours effectives.

Le PLU ou le POS, consultables en mairie, sont normalement établis pour chaque commune. Ils précisent notamment les zones réservées aux constructions des particuliers.

⚖ Côté Loi

Le contenu du plan local d'urbanisme
Article L. 123-1 du Code de l'urbanisme

D'après cet article, le plan local d'urbanisme est un document qui « fixe les règles générales et les servitudes d'urbanisme (...), qui peuvent notamment comporter l'interdiction de construire, délimite les zones urbaines ou à urbaniser et les zones naturelles ou agricoles et forestières à protéger et définissent, en fonction des circonstances locales, les règles concernant l'implantation des constructions ».

Chaque plan local d'urbanisme comporte ainsi un zonage indiquant les zones urbaines ou à urbaniser sur lesquelles vous pouvez construire, mais également les zones naturelles, agricoles ou forestières. Il fixe en outre les servitudes d'utilisation des sols. Enfin, il mentionne les règles relatives à l'implantation des constructions.

Dans certains cas, le plan local d'urbanisme peut prévoir des obligations concernant l'aspect extérieur des constructions, leurs dimensions et l'aménagement de leurs abords ainsi que le tracé et les caractéristiques des voies de circulation, les espaces verts, etc.

Consulter le plan d'occupation des sols ou le plan local d'urbanisme s'avère donc particulièrement utile. En effet, de cette consultation découle la connaissance d'un grand nombre d'éléments sur les caractéristiques urbaines du secteur sur lequel vous allez construire.

Les zones délimitées par la lettre **U** sont les zones immédiatement constructibles : ce sont les zones urbaines. C'est sur ces zones que vous allez pouvoir édifier ou faire édifier votre ouvrage. S'il y a plusieurs zones urbaines, elles seront distinguées par des lettres : **UA**, **UB**, etc.

Si la zone est classée U, le permis de construire est-il plus facilement accordé ?

Oui. Cependant, ce n'est pas parce que la zone est classée **U** que votre permis de construire sera accordé. Il n'y a pas d'automatisme. Parmi ces zones, certaines peuvent être inconstructibles, par exemple lorsqu'il y a trop de nuisances sonores.

Que faire si la zone est classée AU ?

Dans l'hypothèse où la zone est classée **AU**, il est conseillé de demander à l'administration si la zone est laissée à l'initiative privée ou publique. L'ouverture à l'urbanisation est plus facile dans le premier cas, dans la mesure où ce n'est pas la collectivité locale qui l'assure.

D'autres zones peuvent être constructibles, mais sous conditions :
– les zones **AU** (**NA** lorsqu'il s'agit d'un plan d'occupation des sols) sont en cours d'urbanisation. Elles vont être constructibles sous réserve que divers travaux soient effectués, par exemple en matière d'équipement (raccordement en eau potable, électricité, évacuation des déchets…) ;
– les zones **A** sont les zones agricoles. Sur ces zones, ne peuvent être édifiés que des ouvrages nécessaires à l'exploitation agricole ;
– les zones **N** indiquent les parties naturelles et forestières, qui sont protégées en raison de la qualité des sites, des milieux naturels, des paysages et de leur intérêt, notamment du point de vue esthétique, historique ou écologique, de l'existence d'une exploitation forestière, ou encore de leur caractère d'espaces naturels.

À l'intérieur de ces zones peuvent exister des zonages complémentaires, définissant des espaces soumis à des règles spéciales. C'est notamment le cas des zones boisées, des espaces verts… Vous trouverez alors un plan de masse, coté à trois dimensions.

Le coefficient d'occupation des sols

Les plans locaux d'urbanisme ajoutent aux parties à urbaniser des coefficients d'occupation des sols (COS) qui permettent de mesurer la densité de construction sur un terrain.

Pour chaque zone, le COS fixe la densité admise. Il se calcule en rapportant la surface de plancher hors œuvre nette (SHON) à la surface du terrain :

$$\text{SHON/surface du terrain nu} = \text{COS}$$

> **À noter**
>
> *La surface hors œuvre nette prise en considération vous est normalement indiquée par l'entrepreneur. Elle s'obtient par déduction :*
> – *des surfaces de plancher hors œuvre des combles et des sous-sols non aménageables pour l'habitation ou pour des activités à caractère professionnel, artisanal, industriel ou commercial ;*
> – *des surfaces de plancher hors œuvre des toitures, terrasses, balcons, loggias ainsi que des surfaces non closes situées au rez-de-chaussée ;*
> – *des surfaces de plancher hors œuvre des bâtiments ou des parties de bâtiments aménagées en vue du stationnement des véhicules ;*
> – *dans les exploitations agricoles, des surfaces de plancher des serres de production, des locaux destinés à abriter les récoltes, à héberger les animaux, à ranger et à entretenir le matériel agricole, des locaux de production et de stockage des produits à usage agricole, des locaux de transformation et de conditionnement des produits provenant de l'exploitation.*

Par conséquent, la surface hors œuvre nette (SHON) constructible sur un terrain nu est égale au produit du COS par la surface du terrain :

$$\text{COS} \times \text{surface du terrain nu} = \text{SHON constructible}$$

Exemple

Si le COS est de 0,1 et que le terrain mesure 1 000 m^2, la surface constructible est de 100 m^2. Le COS détermine ainsi la limite maximale de constructibilité.

La présentation du plan local d'urbanisme

Le plan local d'urbanisme comprend un rapport de présentation, un projet d'aménagement et de développement durable, un règlement, des documents graphiques et enfin des annexes :
- **le rapport de présentation du plan local d'urbanisme** sert à dresser l'état initial du territoire concerné. C'est donc un indicateur des orientations à prendre en ce qu'il évalue les incidences des projets à mener ;
- **le projet d'aménagement de développement durable** est une des innovations de la loi SRU en date du 13 décembre 2000. Il définit les orientations générales d'urbanisme et d'aménagement du territoire. Il peut également préciser plusieurs mesures spécifiques comme les conditions d'aménagement des entrées de ville ou les mesures de nature à assurer la préservation des paysages ;
- **le règlement** doit être conforme au projet d'aménagement et de développement durable. En outre, il délimite les zones du plan et fixe les dispositions applicables à chacune de ces zones. À chaque zone correspond un chapitre du règlement, dit « règlement de zone », comprenant 14 articles qui établissent par exemple les conditions de desserte des terrains par les réseaux d'eau, d'électricité, d'assainissement ou encore la hauteur maximale des constructions ;
- **les documents graphiques** matérialisent le plan. Ils font apparaître une variété significative d'éléments comme les zones boisées, les secteurs protégés, les emplacements réservés aux ouvrages publics ;
- **les annexes** sont des documents informatifs servant à préciser certains points comme les secteurs sauvegardés ou des zones sur lesquelles existe un droit de préemption.

À noter

Dès lors que le projet d'aménagement de développement durable institue des servitudes d'urbanisme, elles s'imposent aux constructeurs.

Les recours contre le plan local d'urbanisme

Tant le plan local d'urbanisme que le plan d'occupation des sols peuvent faire l'objet d'un recours juridictionnel si vous souhaitez en contester la légalité. Pour ce faire, il suffit de démontrer que vous avez un intérêt à agir[1].

 **Côté Cour**

Conseil d'État - 22 mars 1979
Qui peut intenter une action contre le PLU ou le POS ?
Le Conseil d'État, et par là même l'ensemble des juridictions de l'ordre administratif, a une acception très souple de l'intérêt à agir. Il considère que sont dans cette situation tous ceux qui sont susceptibles de se voir opposer ses dispositions. Les propriétaires et les exploitants du terrain situé dans la zone couverte par le plan sont donc directement visés.

Si vous souhaitez faire annuler le PLU, il convient de faire un recours pour excès de pouvoir[2] devant le juge administratif (voir chapitre 3). Pour ce faire, le délai est de deux mois à compter de la publication du document administratif dans la presse ou en mairie. Il vous est également possible de soulever l'illégalité d'un PLU ou d'un POS au cours d'une action en justice contre un autre acte, découlant de l'application du PLU ou du POS.

Exemple

Vous sollicitez un permis de construire qui vous est refusé. Insatisfait, vous contestez la légalité de ce refus devant le juge administratif. Au cours de cette procédure contentieuse, par le biais de l'exception d'illégalité[3], vous pouvez soulever l'illégalité du POS ou du PLU.

---

1. L'intérêt à agir peut être appréhendé comme celui qui est légitime au succès ou au rejet d'une prétention (selon l'exigence traditionnelle, « pas d'intérêt, pas d'action »). Or, si cet intérêt peut être ou non patrimonial, il doit autant se fonder sur un droit (intérêt légitime) qu'être actuel et personnel.
2. Recours contentieux tendant à l'annulation d'une décision administrative et fondée sur la violation par cette décision d'une règle de droit (définition extraite du *Vocabulaire juridique* de Gérard Cornu, coll. « Quadrige », PUF).
3. Nom de la procédure en contestation de légalité.

Demander un certificat d'urbanisme

Avant d'entreprendre toute construction ou tout achat d'un terrain en vue de faire construire, il est recommandé de demander à l'administration un certificat d'urbanisme. Par cet acte, l'administration vous indique l'état des règles d'occupation des sols applicables à un terrain donné. L'ordonnance du 8 décembre 2005 a confirmé le rôle de ce certificat. Celui-ci demeure un acte de pure information sur la situation juridique du terrain.

Le certificat d'urbanisme est donc protecteur ! Son but est d'informer et de cristalliser le droit applicable.

Le modèle de certificat, reproduit ci-après, disponible sur le site-Internet du ministère de l'Équipement, doit impérativement être utilisé à compter du 1er octobre 2007. Il tient compte du décret n° 2007-18 du 5 janvier 2007 (JO du 6 janvier 2007), de l'arrêté du 6 juin 2007 (JO du 21 juin 2007) et de l'arrêté du 11 septembre 2007 (JO du 13 septembre 2007).

Article L. 410-1 du Code de l'urbanisme

« Le certificat d'urbanisme, en fonction de la demande présentée :
a) indique les dispositions d'urbanisme, les limitations administratives au droit de propriété et la liste des taxes et participations d'urbanisme applicables à un terrain ;

b) indique en outre, lorsque la demande a précisé la nature de l'opération envisagée ainsi que la localisation approximative et la destination des bâtiments projetés, si le terrain peut être utilisé pour la réalisation de cette opération ainsi que l'état des équipements publics existants ou prévus.

Lorsqu'une demande d'autorisation ou une déclaration préalable est déposée dans le délai de dix-huit mois à compter de la délivrance d'un certificat d'urbanisme, les dispositions d'urbanisme, le régime des taxes et participations d'urbanisme ainsi que les limitations administratives au droit de propriété tels qu'ils existaient à la date du certificat ne peuvent être remis en cause à l'exception des dispositions qui ont pour objet la préservation de la sécurité ou de la salubrité publique.

Lorsque le projet est soumis à avis ou accord d'un service de l'État, les certificats d'urbanisme le mentionnent expressément. Il en est de même lorsqu'un sursis à statuer serait opposable à une déclaration préalable ou à une demande de permis.

Le certificat d'urbanisme est délivré dans les formes, conditions et délais déterminés par décret en Conseil d'État par l'autorité compétente mentionnée au a et au b de l'article L. 422-1 du présent code. »

Il existe deux types de certificats :
- le certificat ordinaire ou de catégorie A, qui ne répond pas à la question de la constructibilité mais indique les dispositions légales applicables au terrain faisant l'objet de la demande ;
- le certificat détaillé ou de catégorie B, qui, après avoir rappelé les règles juridiques applicables, vous précise si l'opération envisagée est possible sur ce terrain au regard du droit positif[4].

Le demander n'est pas une obligation, mais l'obtenir vous assure de la validité juridique de votre opération de construction.

À noter

La demande de certificat d'urbanisme n'est pas obligatoirement faite par le propriétaire du terrain. Ainsi, tout intéressé peut en demander un.

Le dossier est retiré en mairie. Une fois rempli, il faut y joindre un plan de situation ainsi qu'un plan du terrain. L'instruction de la demande est normalement assurée par les services communaux, qui doivent rendre leur décision dans un délai de deux mois.

---

4. Ensemble de règles effectivement en vigueur (définition extraite du *Vocabulaire juridique* de Gérard Cornu, *op. cit.*).

Demande de Certificat d'urbanisme

N° 13410*01

1/4

* Informations nécessaires à l'instruction du certificat d'urbanisme

Vous pouvez utiliser ce formulaire pour :
- Connaître le droit de l'urbanisme applicable sur un terrain
- Savoir si l'opération que vous projetez est réalisable

Cadre réservé à la mairie du lieu du projet

C U

Dpt   Commune   Année   N° de dossier

La présente demande a été reçue à la mairie

le _____   Cachet de la mairie et signature du receveur

*1 - Objet de la demande de certificat d'urbanisme

☐ a) Certificat d'urbanisme d'information
Indique les dispositions d'urbanisme, les limitations administratives au droit de propriété et la liste des taxes et participations d'urbanisme applicables au terrain

☐ b) Certificat d'urbanisme opérationnel
Indique en outre si le terrain peut être utilisé pour la réalisation de l'opération projetée

*2 - Identité du ou des demandeurs
Le demandeur sera le titulaire du certificat et destinataire de la décision
Si la demande est présentée par plusieurs personnes, indiquez leurs coordonnées sur la fiche complémentaire.

Vous êtes un particulier   Madame ☐   Monsieur ☐
Nom : _____   Prénom : _____

Vous êtes une personne morale
Dénomination : _____   Raison sociale : _____
N° SIRET : |_|_|_|_|_|_|_|_|_|_|_|_|_|_| Catégorie juridique : |_|_|_|_|
Représentant de la personne morale : Madame ☐   Monsieur ☐
Nom : _____   Prénom : _____

3 - Coordonnées du demandeur

*Adresse : Numéro : _____   Voie : _____
Lieu-dit : _____   Localité : _____
Code postal : |_|_|_|_|_| BP : |_|_|_|_| Cedex : |_|_|
Si le demandeur habite à l'étranger : Pays : _____   Division territoriale : _____

☐ J'accepte de recevoir par courrier électronique les documents transmis en cours d'instruction par l'administration à l'adresse suivante : _____ @ _____
J'ai pris bonne note que, dans un tel cas, la date de notification sera celle de la consultation du courrier électronique ou, au plus tard, celle de l'envoi de ce courrier électronique augmentée de huit jours.

4 - Le terrain

*Localisation du (ou des) terrain(s)
Les informations et plans (voir liste des pièces à joindre) que vous fournissez doivent permettre à l'administration de localiser précisément le (ou les) terrain(s) concerné(s) par votre projet.
Le terrain est constitué de l'ensemble des parcelles cadastrales d'un seul tenant appartenant à un même propriétaire

Adresse du (ou des) terrain(s) :
Numéro : _____   Voie : _____
Lieu-dit : _____   Localité : _____
Code postal : |_|_|_|_|_| BP : |_|_|_|_| Cedex : |_|_|
Références cadastrales : section et numéro[1] (si votre projet porte sur plusieurs parcelles cadastrales, veuillez indiquer les premières ci-dessous et les suivantes sur une feuille séparée) : _____
*Superficie du (ou des) terrain(s) (en m²) : _____

---

1 En cas de besoin, vous pouvez vous renseigner auprès de la mairie

*5 - Cadre réservé à l'administration - Mairie -
Articles L.111-4 et R.410-13 du code de l'urbanisme

État des équipements publics existants

Le terrain est-il déjà desservi ?

Équipements :

Voirie :	Oui ❏	Non ❏
Eau potable :	Oui ❏	Non ❏
Assainissement :	Oui ❏	Non ❏
Électricité :	Oui ❏	Non ❏

Observations :

État des équipements publics prévu

La collectivité a-t-elle un projet de réalisation d'équipements publics desservant le terrain ?

Équipements			Par quel service ou concessionnaire?	Avant le
Voirie	Oui ❏	Non ❏		
Eau potable	Oui ❏	Non ❏		
Assainissement	Oui ❏	Non ❏		
Électricité	Oui ❏	Non ❏		

Observations :

*6 - Engagement du (ou des) demandeurs

Je certifie exactes les informations mentionnées ci-dessus.

À

Le :

Signature du (des) demandeur(s)

**Votre demande doit être établie en <u>deux exemplaires</u> pour un certificat d'urbanisme d'information ou <u>quatre exemplaires</u> pour un certificat d'urbanisme opérationnel. Elle doit être déposée à la mairie du lieu du projet.
Vous devrez produire :
- un exemplaire supplémentaire, si votre projet se situe en périmètre protégé au titre des monuments historiques ;
- deux exemplaires supplémentaires, si votre projet se situe dans un cœur de parc national.**

Si vous êtes un particulier : la loi n° 78-17 du 6 janvier 1978 relative à l'informatique, aux fichiers et aux libertés s'applique aux réponses contenues dans ce formulaire pour les personnes physiques. Elle garantit un droit d'accès aux données nominatives les concernant et la possibilité de rectification. Ces droits peuvent être exercés à la mairie. Les données recueillies seront transmises aux services compétents pour l'instruction de votre demande.
Si vous souhaitez vous opposer à ce que les informations nominatives comprises dans ce formulaire soient utilisées à des fins commerciales, cochez la case ci-contre : ❏

---

2 Indiquez la destination du ou des bâtiments projetés parmi les destinations suivantes : habitation, hébergement, bureaux, commerce, artisanat, industrie, exploitation agricole ou forestière, entrepôt, service public ou d'intérêt collectif.
3 La Surface Hors Œuvre Brute (SHOB) d'une construction est égale à la somme des surfaces de plancher de chaque niveau de la construction, calculée à partir du nu extérieur des murs de façade, y compris les combles et les sous-sols non aménageables, les balcons, les loggias, les toitures-terrasses accessibles. La Surface Hors Œuvre Nette (SHON) est obtenue après déduction de la surface des combles et sous-sols non aménageables, des surfaces non closes, des surfaces de stationnement, des surfaces des bâtiments agricoles, des serres de production (Article R. 112-2 du code de l'urbanisme).

MINISTÈRE DE L'ÉCOLOGIE,
DU DÉVELOPPEMENT
ET DE L'AMÉNAGEMENT
DURABLES

Comment constituer le dossier de demande de certificat d'urbanisme

3/4

N° 51191#01

Article L.410-1 et suivants ; R.410-1 et suivants du code de l'urbanisme

1. Qu'est-ce qu'un certificat d'urbanisme ?

• **Il existe deux types de certificat d'urbanisme**
a) Le premier est un **certificat d'urbanisme d'information**. Il permet de connaître le droit de l'urbanisme applicable au terrain et renseigne sur :
- les dispositions d'urbanisme (par exemple les règles d'un plan local d'urbanisme),
- les limitations administratives au droit de propriété (par exemple une zone de protection de monuments historiques),
- la liste des taxes et des participations d'urbanisme.

b) Le second est un **certificat d'urbanisme opérationnel**. Il indique, en plus des informations données par le certificat d'urbanisme d'information, si le terrain peut être utilisé pour la réalisation d'un projet et l'état des équipements publics (voies et réseaux) existants ou prévus qui desservent ou desserviront ce terrain.

• Combien de temps le certificat d'urbanisme est-il valide ?
La durée de validité d'un certificat d'urbanisme (qu'il s'agisse d'un « certificat d'urbanisme d'information » ou d'un « certificat d'urbanisme opérationnel ») est de 18 mois à compter de sa délivrance.

• **La validité du certificat d'urbanisme peut-elle être prolongée ?**
Le certificat d'urbanisme peut être prorogé par périodes d'une année aussi longtemps que les prescriptions d'urbanisme, les servitudes d'utilité publique, le régime des taxes et des participations d'urbanisme applicables au terrain n'ont pas changé. Vous devez faire votre demande par lettre sur papier libre en double exemplaire, accompagnée du certificat à proroger, et l'adresser au maire de la commune où se situe le terrain. Vous devez présenter votre demande au moins 2 mois avant l'expiration du délai de validité du certificat d'urbanisme à proroger.

• **Quelle garantie apporte-t-il ?**
Lorsqu'une demande de permis ou une déclaration préalable est déposée dans le délai de validité d'un certificat d'urbanisme, les dispositions d'urbanisme, la liste des taxes et participations d'urbanisme et les limitations administratives au droit de propriété existant à la date du certificat d'urbanisme seront applicables au projet de permis de construire ou d'aménager ou à la déclaration préalable, sauf si les modifications sont plus favorables au demandeur.
Toutefois, les dispositions relatives à la préservation de la sécurité ou de la salubrité publique seront applicables, même si elles sont intervenues après la date du certificat d'urbanisme.

2. Modalités pratiques

• **Comment constituer le dossier de demande ?**
Pour que votre dossier soit complet, joignez les pièces dont la liste vous est fournie dans le tableau ci-après. S'il manque des informations ou des pièces justificatives, cela retardera l'instruction de votre dossier.

• **Combien d'exemplaires faut-il fournir ?**
Vous devez fournir deux exemplaires pour les demandes de certificat d'urbanisme de simple information et quatre exemplaires pour les demandes de certificat d'urbanisme opérationnel.

• **Où déposer la demande de certificat d'urbanisme ?**
La demande doit être adressée à la mairie de la commune où se situe le terrain. L'envoi en recommandé avec avis de réception est conseillé afin de disposer d'une date précise de dépôt. Vous pouvez également déposer directement votre demande à la mairie.

• **Quand sera donnée la réponse ?**
Le délai d'instruction est de :
- 1 mois pour les demandes de certificat d'urbanisme d'information ;
- 2 mois pour les demandes de certificat d'urbanisme opérationnel.
Si aucune réponse ne vous est notifiée dans ce délai, vous serez titulaire d'un certificat d'urbanisme tacite.
Attention : ce certificat d'urbanisme ne porte pas sur la réalisation d'un projet mais uniquement sur les garanties du certificat d'urbanisme d'information (liste des taxes et participations d'urbanisme et limitations administratives au droit de propriété).

3. Pièces à joindre à votre demande

Si vous souhaitez obtenir un certificat d'urbanisme d'information, vous devez fournir la pièce CU1.
Si vous souhaitez obtenir un certificat d'urbanisme opérationnel, vous devez fournir les pièces CU1 et CU2. La pièce CU3 ne doit être jointe que s'il existe des constructions sur le terrain.

Cocher les cases correspondant aux pièces jointes à votre demande

Pièces à joindre	A quoi ça sert ?	Conseils
☐ CU1. Un plan de situation	Il permet de voir la situation du terrain à l'intérieur de la commune et de connaître les règles d'urbanisme qui s'appliquent dans la zone où il se trouve. Il permet également de voir s'il existe des servitudes et si le terrain est desservi par des voies et des réseaux.	Pour une meilleure lisibilité du plan de situation, vous pouvez : - Rappeler l'adresse du terrain- Représenter les voies d'accès au terrain ; - Représenter des points de repère. L'échelle et le niveau de précision du plan de situation dépendent de la localisation du projet. Ainsi, une échelle de 1/25000 (ce qui correspond par exemple à une carte de randonnée) peut être retenue pour un terrain situé en zone rurale ; Une échelle comprise entre 1/2000 et 1/5000 (ce qui correspond par exemple au plan local d'urbanisme ou à un plan cadastral) peut être adaptée pour un terrain situé en ville.
Pièces à joindre pour une demande de certificat d'urbanisme opérationnel		
☐ CU2. Une note descriptive succincte	Elle permet d'apprécier la nature et l'importance de l'opération. Elle peut comprendre des plans, des croquis, des photos.	Elle précise selon les cas : - la description sommaire de l'opération projetée (construction, lotissement, camping, golf, aires de sport ...), - la destination et la localisation approximative des bâtiments projetés dans l'unité foncière, s'il y a lieu ; - la destination des bâtiments à conserver ou à démolir, s'il en existe.
S'il existe des constructions sur le terrain :		
☐ CU3. Un plan du terrain, s'il existe des constructions.	Il est nécessaire lorsque des constructions existent déjà sur le terrain. Il permet de donner une vue d'ensemble.	Il doit seulement indiquer l'emplacement des bâtiments existants.

Note descriptive succincte du projet

Vous pouvez vous aider de cette feuille pour rédiger la note descriptive succincte de votre projet lorsque la demande porte sur un certificat d'urbanisme indiquant, en application de l'article L. 410-1 b), si le terrain peut être utilisé pour la réalisation de l'opération projetée.

Description sommaire de l'opération projetée (construction, lotissement, camping, golf, aires de sport ...)

Si votre projet concerne un ou plusieurs bâtiments

- Indiquez la destination et la localisation approximative des bâtiments projetés dans l'unité foncière :

- Indiquez la destination des bâtiments à conserver ou à démolir.

Vous pouvez compléter cette note par des feuilles supplémentaires, des plans, des croquis, des photos. Dans ce cas, précisez ci-dessous la nature et le nombre des pièces fournies.

La réponse peut être ou positive ou négative. En cas de réponse positive, le certificat d'urbanisme vous sera très utile, notamment lors du dépôt de la demande de permis de construire. En effet, si le régime juridique est modifié entre la date à laquelle vous avez obtenu votre certificat d'urbanisme et celle de votre demande de permis de construire, les dispositions modificatives ne vous sont pas applicables ! C'est ce que l'on appelle l'effet de « cristallisation » du droit. Ainsi, ne peuvent être remis en cause les dispositions d'urbanisme, le régime des taxes et participations d'urbanisme ainsi que les limitations administratives au droit de propriété tels qu'ils existaient à la date du certificat, à l'exception des dispositions qui ont pour objet la préservation de la sécurité ou de la salubrité publique. Cependant, cette règle n'est valable que pendant dix-huit mois…

Côté Cour

Conseil d'État - 7 mai 2007
La commune peut-elle être responsable en cas de délivrance d'un certificat d'urbanisme incomplet ?

Dans cette décision, le Conseil d'État considère que la délivrance d'un certificat d'urbanisme présentant de manière incomplète les servitudes d'urbanisme applicables à un terrain constitue une faute de nature à engager la responsabilité de la commune. Un certificat d'urbanisme ne doit donc pas seulement comporter des informations exactes, il doit aussi comporter des informations complètes, faute de quoi la responsabilité de la commune peut être engagée.

En outre, ce n'est pas parce que le certificat d'urbanisme est négatif que vous n'avez pas le droit d'acheter votre terrain ou encore de demander un permis de construire. Il est ainsi possible d'obtenir un permis de construire même si le certificat d'urbanisme mentionne que votre projet de construction n'est pas conforme aux règles en vigueur.

Qu'advient-il si l'administration ne répond pas ?

Auparavant, le silence de l'administration pendant quatre mois valait décision implicite de refus. Ce n'est plus le cas depuis le décret du 5 janvier 2007. En vertu de l'article R. 410-12 du Code de l'urbanisme, à défaut de notification d'un certificat d'urbanisme dans le délai de deux mois, le silence gardé par l'autorité compétente vaut délivrance d'un certificat d'urbanisme tacite. Le demandeur ne doit pas être victime d'un éventuel retard de l'administration.

Vérifier l'existence de servitudes

L'occupation des sols est réglementée par un ensemble de dispositions contraignantes pour les administrés en ce qu'elles viennent finalement limiter leur droit de propriété. Contrairement à ce que l'on croit souvent, le droit de propriété n'est pas un droit absolu.

⚖ Côté Loi

Article 544 du Code civil

« La propriété est le droit de jouir et de disposer des choses de la façon la plus absolue, pourvu qu'on n'en fasse pas un usage prohibé par les lois et les règlements. »

Au cours de votre opération de construction, vous allez rencontrer deux types de servitudes : les servitudes d'urbanisme et les servitudes de voisinage.

Les servitudes d'urbanisme

Elles sont très nombreuses ! Si vous demandez un certificat d'urbanisme, elles vous seront indiquées. Elles précisent la surface des parcelles, la hauteur et la forme des constructions, la densité d'implantation, les diverses mesures techniques à respecter, etc. Par exemple, vous ne pouvez construire une maison que si le terrain est raccordé à un réseau de distribution d'eau potable.

Enfin, il existe plusieurs obligations relatives aux distances à respecter pour toute construction :
- votre habitation doit être située à plus de 50 m de l'autoroute et à plus de 35 m d'une route à grande circulation, sauf en agglomération ;
- les arbres et les haies seront plantés à plus de 1 m du mur ou de la voie. En cas de voie de chemin de fer, la distance est portée à 6 m pour les arbres et 2 m pour les haies ;
- il est primordial de se renseigner sur le raccordement en eau, en gaz et en électricité ainsi que sur l'existence d'un tout-à-l'égout.

Les servitudes de voisinage

Elles concernent la mitoyenneté, les clôtures, les plantations, les vues et percements d'ouvertures ainsi que le droit de passage.

■ La mitoyenneté

Il s'agit d'un mur commun, séparant deux propriétés. S'il sépare deux bâtiments de même hauteur et de même largeur, il est entièrement mitoyen. Si une construction est plus haute que l'autre, la partie du mur supérieure à la maison la plus basse appartient à celui qui a la maison la plus haute (voir schéma ci-dessous).

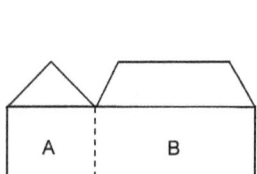

Le mur est entièrement mitoyen.

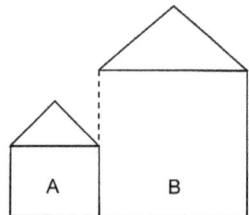

La partie en pointillés appartient à B.

■ Les clôtures

La hauteur des murs doit être d'au moins 3,20 m dans les villes de plus de 50 000 habitants et de 2, 60 m pour les villes de moins de 50 000 habitants.

Les plantations

La distance minimale entre une plantation de plus de 2 m de haut et une ligne séparative est de 2 m. Pour une plantation de 2 m de haut et moins, la distance est de 50 cm. Aucune branche ne doit dépasser sur la propriété du voisin. Dans le cas contraire, il peut exiger que vous coupiez ces branches ou que vous arrachiez lesdites plantations.

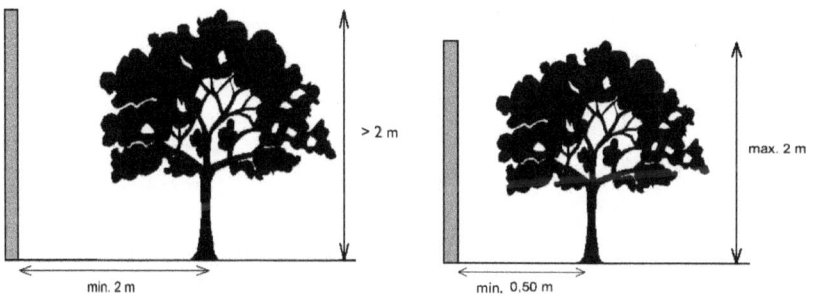

Les vues et percements d'ouvertures

Sont considérées comme des jours les ouvertures laissant passer la lumière mais pas l'air ; les vues, en revanche, laissent passer l'air et la lumière. En premier lieu, il est interdit de procéder à la réalisation d'une fenêtre ou d'une ouverture dans un mur mitoyen sans le consentement de son voisin. En revanche, si le mur est privatif, le propriétaire peut percer des jours à une hauteur de 2,60 m au rez-de-chaussée ou de 1,90 m à l'étage (le but étant de ne pas pouvoir surveiller son voisin !). De même, les vues droites (celles percées dans un mur parallèle à la propriété voisine) doivent être à 1,90 m de distance de la propriété voisine. La distance est portée à 60 cm en cas de vue oblique (mur qui n'est pas parallèle à celui du voisin et oblige par conséquent à se pencher...).

Le droit de passage

Si votre terrain est enclavé, c'est-à-dire si vous ne disposez pas d'une sortie sur la voie publique, vous bénéficiez d'un droit de passage sur le terrain de votre voisin. Ce droit ne vous confère bien sûr aucune propriété sur ce terrain mais vous en autorise l'accès.

Chapitre 2
Obtenir un prêt

- Bénéficier d'un régime protecteur
- Subordonner la construction à l'obtention du prêt

L'acquisition d'un logement donne lieu à une dépense si importante que dans certains cas, vous devrez contracter un prêt immobilier pour financer cette opération. Or, l'obtention d'un ou plusieurs prêt(s) bancaire(s) aura une incidence sur les contrats conclus avec le professionnel de l'immobilier.

En effet, en votre qualité de consommateur, vous bénéficiez d'un régime de protection. Ce régime s'applique dès lors que l'acte notarié de vente ou l'acte sous seing privé contient une mention indiquant que le prix est payé à l'aide d'un ou plusieurs prêts. Cette protection revient à vous éviter d'être prisonnier de la vente si le prêt sollicité vous est refusé.

Bénéficier d'un régime protecteur

Si, en tant qu'accédant, vous souhaitez payer tout ou partie du prix de la construction à l'aide d'un prêt, la vente est conclue sous la condition suspensive d'obtention de ce prêt. Cette condition suspensive signifie que si le prêt sollicité ne vous est pas accordé, la vente n'est pas conclue. Qui plus est, la vente est réputée n'avoir jamais été conclue.

À ce titre, le professionnel devra alors vous rembourser toutes les sommes que vous aurez versées.

⚖️ Côté Loi

Article L. 312-2 du Code de la consommation

« Les dispositions du présent chapitre s'appliquent aux prêts qui, quelle que soit leur qualification ou leur technique, sont consentis de manière habituelle par toute personne physique ou morale en vue de financer les opérations suivantes :

1° Pour les immeubles à usage d'habitation ou à usage professionnel d'habitation :

– leur acquisition en propriété ou en jouissance ;

– la souscription ou l'achat de parts ou d'actions de sociétés donnant vocation à leur attribution en propriété ou en jouissance ;

– les dépenses relatives à leur construction, leur réparation, leur amélioration ou leur entretien lorsque le montant de ces dépenses est supérieur à celui fixé en exécution du dernier alinéa de l'article L. 313-3 ;

2° L'achat de terrains destinés à la construction des immeubles mentionnés au 1° ci-dessus. »

Attention ! Conformément à l'article L. 312-2 du Code de la consommation, cité ci-dessus, tous les prêts ne bénéficient cependant pas de ce régime protecteur. Les contrats d'architecte, de vente d'immeuble à construire, de construction de maison individuelle, etc., y sont néanmoins soumis. Renseignez-vous auprès de votre banquier !

Côté Cour

Cour de cassation – 3 janvier 1996
Le contrat d'architecte peut être soumis à la condition suspensive d'obtention du prêt

Au cours de cette affaire, les juges de la Cour de cassation ont estimé que les honoraires d'architecte relevaient des dispositions du Code de la consommation sur le crédit immobilier dès lors qu'ils sont inclus dans l'estimation globale du prix de la construction.

Serez-vous dans tous les cas considéré comme un acquéreur au sens du Code de la consommation ?

A priori oui, sauf si vous agissez en tant que constructeur pour revendre à un tiers ! En effet, le Code retient une acception large de la notion d'acquéreur. Est acquéreur non professionnel celui qui agit à des fins qui n'entrent pas dans le cadre de son activité professionnelle.

Êtes-vous tenu d'habiter dans l'immeuble futur objet de l'opération de construction pour bénéficier du régime protecteur ?

Non. Il faut que la construction soit à usage d'habitation ou à usage professionnel et d'habitation sans qu'il y ait lieu de distinguer entre les acquisitions destinées à l'habitation effective et celles effectuées dans un but d'investissement.

Si votre propriété est agricole, bénéficiez-vous toujours du régime protecteur ?

Non. Les articles du Code de la consommation ne sont pas applicables aux prêts destinés à financer l'achat d'une propriété agricole, même si celle-ci comporte accessoirement des bâtiments d'exploitation.

Qu'advient-il si le prêt ne sert qu'à financer une activité professionnelle ?

Dans ce cas, vous ne bénéficiez plus du régime protecteur. Sont exclus du champ d'application des articles du Code de la consommation les prêts destinés à financer une activité exclusivement professionnelle, et notamment celle des personnes qui vendent des immeubles ou fractions d'immeubles, bâtis ou non, achevés ou non, collectifs ou individuels.

Subordonner la construction à l'obtention du prêt

Dès lors que l'acte notarié contient une mention indiquant que le prix est payé à l'aide d'un ou plusieurs prêts, la vente est conclue sous condition suspensive de son obtention. Encore une fois, si cette condition ne se réalise pas, la vente est réputée n'avoir jamais été conclue.

Pouvez-vous renoncer à la condition suspensive d'obtention du prêt ?

Oui. Pour ce faire, l'acte de vente doit porter mention manuscrite de l'acquéreur par laquelle celui-ci reconnaît avoir été informé de cette protection et déclare qu'il y renonce librement. Il est cependant déconseillé d'y procéder. En effet, ces dispositions légales sont faites pour vous protéger.

**Clause contractuelle d'obtention d'un prêt
soumis à condition suspensive dans un contrat
de construction de maison individuelle
avec fourniture de plan (transposable pour d'autres contrats)**

Modèle

Article X – Conditions suspensives

Le présent contrat est conclu sous condition de l'obtention des éléments suivants :

- acquisition par le maître de l'ouvrage de la propriété du terrain ;
- obtention des prêts ;
- obtention du permis de construire et des autres autorisations administratives ;
- obtention de l'assurance dommages-ouvrage.

En conséquence, si une ou plusieurs de ces conditions ne se réalise pas dans le délai prévu aux conditions particulières, le contrat sera considéré comme caduc et les sommes versées par le maître de l'ouvrage lui seront remboursées.

La condition d'obtention des prêts est satisfaite lorsque le maître de l'ouvrage a reçu une offre correspondant aux caractéristiques de financement décrites aux conditions particulières.

Le maître de l'ouvrage déclare ne pas bénéficier actuellement d'emprunts susceptibles de remettre en cause l'endettement maximum accepté par l'organisme de crédit permettant l'obtention du ou des prêts indispensables à la réalisation de l'opération.

> **Qu'advient-il si le contrat de vente ne comporte aucune disposition particulière sur ce point ?**
>
> Si le contrat ne comporte ni condition ni clause manuscrite, la condition est réputée inscrite. Face à un entrepreneur peu scrupuleux, vous êtes ainsi couvert.

Exemple

Cette clause doit être portée en marge du contrat et écrite à la main par l'acquéreur.

Elle peut être rédigée comme suit :
« Je, soussigné Monsieur Igrek, reconnaît avoir été informé de la protection accordée au consommateur ayant recours à un crédit immobilier, mais choisis d'y renoncer librement. »

> **Attention !** Sauf disposition contractuelle contraire, cette condition n'est valable que pendant un mois, ce qui signifie que le contrat de vente, assorti d'une condition suspensive d'obtention du prêt, n'est réputé conclu que si le prêt est accordé pendant ce délai d'un mois.
>
> Si l'organisme prêteur a refusé d'émettre une offre de prêt ou ne l'a pas émise dans ce délai d'un mois ou, enfin, s'il l'a émise mais à des conditions différentes de celles stipulées, l'accédant peut alors se libérer de la vente.

À noter

Le contrat peut prévoir une durée supérieure (mais pas inférieure) à un mois. Il convient donc d'être particulièrement attentif quant à la rédaction de cette clause contractuelle.

Tant que la condition est pendante, c'est-à-dire pendant ce délai, le vendeur ne peut percevoir aucun acompte.

Qu'advient-il si vous avez conclu un contrat préliminaire, par exemple en cas de vente d'immeuble à construire ? (voir chapitre 7).

La condition suspensive d'obtention du prêt n'est pas directement applicable au contrat préliminaire. Cependant, les sommes versées à titre de dépôt de garantie lors de la conclusion du contrat préliminaire seront remboursées en cas de défaillance de la condition dans le contrat de vente.

Que se passe-t-il si la condition suspensive est mentionnée dans votre contrat préliminaire ? (voir chapitre 7).

Même si le contrat préliminaire n'est pas expressément soumis aux dispositions du Code de la consommation, il est assez fréquent de voir cette condition suspensive mentionnée d'emblée dans le contrat préliminaire. Dans ce cas, les dispositions du présent chapitre s'appliquent au contrat préliminaire et il suffira, dans le contrat définitif, de renoncer à la protection légale.

En outre, une fois que le prêt est proposé par l'organisme de crédit à l'acquéreur, ce dernier a un délai de trente jours de réflexion pour l'accepter. En tout état de cause, il ne peut accepter cette offre que dix jours après l'avoir reçue. Il faut donc prendre garde à ne pas se tromper dans l'imbrication des délais.

Si l'offre de prêt est émise par l'organisme prêteur, l'acheteur est engagé dans la vente avec le constructeur (contrat de vente). Par contre, vis-à-vis du banquier ou de l'organisme prêteur, il dispose d'un délai de réflexion d'un mois (contrat de prêt). Si, au cours de ce délai, il choisit de renoncer à ce prêt, sa responsabilité ne sera pas retenue contre le banquier ou l'organisme prêteur. En revanche, le constructeur pourra obtenir des dommages et intérêts de l'acquéreur si cela entraîne des répercussions sur la vente.

Côté Cour

Cour de cassation – 24 septembre 2003

La simple information par la banque à l'emprunteur de l'octroi du crédit suffit à valoir acceptation.

Dans cette affaire, des époux ont conclu un contrat de vente sous la condition suspensive de l'obtention d'un prêt avant le 1er juin 1997.

Le 30 mai, la banque avise les emprunteurs de l'octroi du crédit, mais ne formalise son offre que le 4 juin.

Compte tenu du dépassement de délai, les vendeurs refusent de signer la vente. Pour la Cour de cassation, la condition suspensive d'obtention d'un prêt protège l'acquéreur. Par conséquent, le vendeur ne peut se prévaloir de l'absence d'une offre formalisée pour refuser de vendre.

Seul l'octroi du crédit compte.

Tableau récapitulatif

Maître de l'ouvrage	
⇩ Constructeur	⇩ Organisme prêteur
⇩ Contrat de construction avec clause suspensive d'obtention de prêt	⇩ Le prêt est accordé ⇩ Le prêt est refusé
⇩ Délai d'un mois pour obtenir le prêt	⇩ Délai de trente jours pour accepter/refuser le prêt (impossible de l'accepter dans les dix jours)
⇩ Le prêt est accordé ⇩ Le prêt est refusé	⇩ Offre de prêt acceptée ⇩ Offre refusée
⇩ La vente est conclue ⇩ La vente n'est pas conclue	⇩ La vente est conclue ⇩ La vente n'est pas conclue
⇩ Pas de responsabilité du maître de l'ouvrage à l'égard du constructeur	⇩ Pas de responsabilité à l'égard du banquier Responsabilité possible à l'égard du constructeur

> **À noter**
>
> *Dans le cadre d'un contrat de construction de maison individuelle avec fourniture de plan, l'acquéreur est doublement protégé. En effet, non seulement il bénéficie du régime de condition suspensive d'obtention du prêt instauré par le Code de la consommation, mais en outre le prêteur devra vérifier pour lui certains points du contrat. Il sera ainsi tenu de contrôler le bon respect des énonciations légales obligatoirement indiquées dans le contrat de construction de maison individuelle à la place de l'emprunteur (voir chapitre 6).*

Fournir des garanties

Les prêts immobiliers affectés à l'achat ou à la construction d'un logement sont consentis par des établissements de crédit (banques ou établissements spécialisés comme le crédit foncier). Il existe donc un lien très étroit entre le contrat de vente et le contrat de prêt. Ces prêts sont régis par le Code de la consommation dont le but est de protéger l'acquéreur. Ils sont généralement consentis à long terme. L'emprunteur va s'engager à rembourser son prêt ainsi que les intérêts qui y sont liés.

Dans la majorité des cas, la banque ou l'établissement de crédit va exiger des garanties qui pourront prendre la forme d'un cautionnement. Dans cette hypothèse, une ou plusieurs personne(s) va se porter caution de l'acquéreur, appelé débiteur principal. La garantie pourra également consister en une assurance collective dite assurance de groupe. L'emprunteur sera alors tenu d'y adhérer. En cas de décès, d'invalidité ou de chômage, l'assureur remboursera à la place de l'emprunteur.

En outre, le prêteur doit respecter plusieurs obligations relatives à l'offre de crédit. Préalablement à la conclusion du prêt, il doit formuler par écrit une offre précise adressée gratuitement par voie postale à l'emprunteur. Cette offre doit impérativement mentionner :

– l'identité des parties et éventuellement des cautions déclarées ;

– la nature, l'objet, les modalités du prêt et notamment les dates et conditions de mise à disposition du fonds ;

– un échéancier des amortissements détaillant pour chaque échéance la répartition du remboursement entre le capital et les intérêts ;

– le montant du crédit susceptible d'être consenti ou ses fractions périodiquement disponibles, son coût total et son taux ainsi que les modalités d'indexation ;

– les assurances et/ou les cautions.

Une fois cette offre adressée à l'emprunteur, elle n'est plus modifiable. Dans le cas contraire, il s'agit d'une autre offre.

Comme nous l'avons déjà vu, l'emprunteur ne peut accepter l'offre avant un délai de dix jours mais doit le faire dans un délai de trente jours. S'il l'accepte, il doit le faire par écrit. Sauf stipulations contractuelles contraires, passé ce délai, l'offre est réputée refusée.

Y a-t-il un taux maximum de crédit ?

Le taux effectif global d'un prêt ne peut excéder de plus d'un tiers le taux moyen pratiqué au cours du trimestre précédent par les établissements de crédit pour les opérations de même nature comportant des risques analogues. Ce mécanisme est appelé le seuil d'usure.

Est-il possible de renégocier son prêt ?

Oui. Lorsque les taux d'intérêts baissent, les emprunteurs désirant réduire leurs charges de remboursement peuvent « renégocier » leurs prêts. Cette renégociation a cependant un coût.

Chapitre 3

Demander un permis de construire

- Les travaux soumis au permis de construire
- Le dossier de demande de permis de construire
- L'autorisation de construire
- Les recours contre le refus de délivrance du permis
- La déclaration d'achèvement de travaux
- Le certificat de conformité

Pour édifier une nouvelle construction ou modifier une ou plusieurs constructions existantes, vous devez préalablement obtenir l'autorisation de l'administration. Cette décision administrative s'appelle un permis de construire.

Trois phases de la procédure doivent être distinguées :
- *la formulation de la demande ;*
- *l'instruction de la demande ;*
- *la décision de l'autorité administrative.*

Si le permis est accordé, vous avez le droit de construire. Dans le cas contraire, plusieurs recours sont possibles.

Les travaux soumis au permis de construire

Le permis de construire permet l'occupation du sol et plus particulièrement l'édification. Il a en effet pour objet de vérifier que les travaux sont conformes aux règles de l'urbanisme relatives à l'implantation des constructions, à leur nature, à l'architecture, à leurs dimensions, à leur assainissement mais également à leurs abords. Il est exigé dans toutes les communes, quelle que soit leur situation géographique (départements ou territoires d'outre-mer par exemple) ou leur nombre d'habitants.

Il s'applique à toutes personnes, physiques (M. ou Mme Atil) ou morales (la société Atil), de droit privé (société anonyme, société à responsabilité limitée…) ou de droit public (La Poste). Les travaux soumis au permis de construire sont nombreux.

Côté Loi

Article L. 421-1 du Code de l'urbanisme

« *Quiconque désire entreprendre ou implanter une construction à usage d'habitation ou non, même ne comportant pas de fondations, doit au préalable, obtenir un permis de construire… le même permis est exigé pour les travaux exécutés sur les constructions existantes lorsqu'ils ont pour effet d'en changer la destination, de modifier leur aspect extérieur ou leur volume ou de créer des niveaux supplémentaires.* »

Champ d'application du permis de construire

L'ordonnance du 8 décembre 2005 et le décret du 5 janvier 2007 définissent le champ d'application du permis de construire.

Les textes distinguent trois catégories de constructions :
- celles qui sont soumises au permis de construire ;
- celles qui sont soumises à une déclaration préalable ;
- celles qui ne sont soumises à aucune formalité.

Il convient alors de lister les constructions soumises au permis de construire et celles qui ne sont soumises à aucune formalité. Les constructions soumises à la déclaration de travaux sont vues au chapitre 4.

La nouvelle réglementation distingue par ailleurs entre les constructions nouvelles et les constructions existantes.

Les constructions nouvelles dispensées de formalités

- Les constructions nouvelles dont la hauteur est inférieure à 12 m et dont la surface hors œuvre brute de plancher est inférieure à 2 m^2.
- Les habitations légères de loisirs implantées dans un camping ou un parc résidentiel de loisirs et dont la surface hors œuvre nette est inférieure à 35 m^2.
- Les éoliennes dont la hauteur est inférieure à 12 m.
- Les piscines dont la surface du bassin est inférieure ou égale à 10 m^2.
- Les châssis et serres dont la hauteur est inférieure à 1,80 m.
- Les murs autres que de clôture dont la hauteur est inférieure à 2 m.

Les autres constructions nouvelles, sauf celles pouvant faire l'objet d'une déclaration préalable (voir chapitre 4) sont soumises au permis de construire.

Les travaux sur constructions existantes

Le principe est, en ce cas, celui de la dispense de formalité. Il existe cependant certaines exceptions.

Les travaux sur constructions existantes soumis à permis de construire sont :

- les travaux d'entretien et de réparations ordinaires qui revêtent une certaine importance : il en est ainsi des travaux qui ont pour effet la création d'une surface hors œuvre brute de plus de 20 m^2, ou la modification du volume d'un bâtiment ou le percement ou l'agrandissement d'une ouverture sur un mur extérieur ;
- les travaux d'entretien et de réparation qui entraînent un changement de destination ;
- les travaux situés dans un secteur sauvegardé par la loi ;
- les travaux portant sur un immeuble inscrit au titre des monuments historiques.

Les mobile homes et caravanes sont-ils soumis au permis de construire dans tous les cas ?

Le mobile home qui ne conserve pas en permanence des moyens de mobilité lui permettant d'être déplacé, ou les caravanes dont on a retiré les roues sont soumis au permis de construire ou à une déclaration de travaux (voir chapitre 4).

Le dossier de demande de permis de construire

Quiconque veut réaliser une construction doit retirer une demande de permis de construire dans la mairie de la commune sur laquelle est situé le terrain objet de la demande. La demande doit émaner soit du propriétaire du terrain soit de son mandataire, c'est-à-dire une personne justifiant d'un titre l'habilitant à construire sur le terrain du propriétaire (exemple : l'architecte mais aussi le locataire).

Existe-t-il plusieurs formulaires de permis de construire ?

Pour la construction d'une maison individuelle, il existe une formule simplifiée de permis de construire qu'il faut demander à la mairie.

Composition du dossier de permis de construire

Avant le décret du 5 janvier 2007, il était bien difficile de prévoir avec certitude le délai d'instruction d'une demande de permis de construire. En effet, l'administration était en droit de prolonger ce délai en exigeant du demandeur la fourniture de pièces complémentaires.

Afin d'éviter ces abus, le décret du 5 janvier 2007 définit une liste exhaustive des pièces pouvant être demandées. De plus, ce décret interdit à l'administration de majorer ce délai.

Les éléments qui doivent être communiqués à l'administration varient en fonction de la nature et de la localisation du projet. En effet, l'article R. 431-4 du Code de l'urbanisme distingue entre les pièces qui doivent être jointes en toutes hypothèses et celles qui ne sont requises que dans certaines hypothèses.

À noter

L'ensemble des pièces requises est listé sur le site Internet du ministère de l'Équipement.

Depuis le décret du 5 janvier 2007, pour l'ensemble des permis de construire, ces pièces sont :
– l'identité du ou des demandeurs ;
– l'identité de l'architecte auteur du projet ;
– la localisation et la superficie du ou des terrains ;
– la nature des travaux ;
– la destination des constructions ;
– la surface hors œuvre nette des constructions projetées.

Par ailleurs, sont joints à la demande de permis de construire :
– un plan permettant de connaître la situation du terrain à l'intérieur de la commune ;
– le projet architectural.

Ce « projet architectural » est également réglementé. Il comprend une notice précisant :

1° l'état initial du terrain et de ses abords indiquant, s'il y a lieu, les constructions, la végétation et les éléments paysagers existants ;

2° les partis retenus pour assurer l'insertion du projet dans son environnement et la prise en compte des paysages, faisant apparaître, en fonction des caractéristiques du projet :
    a) l'aménagement du terrain, en indiquant ce qui est modifié ou supprimé ;

b) l'implantation, l'organisation, la composition et le volume des constructions nouvelles, notamment par rapport aux constructions ou paysages avoisinants ;

c) le traitement des constructions, clôtures, végétations ou aménagements situés en limite de terrain ;

d) les matériaux et les couleurs des constructions ;

e) le traitement des espaces libres, notamment les plantations à conserver ou à créer ;

f) l'organisation et l'aménagement des accès au terrain, aux constructions et aux aires de stationnement.

En outre, le projet architectural comprend un plan de masse des constructions à édifier ou à modifier coté dans les trois dimensions. Ce plan de masse fait apparaître les travaux extérieurs aux constructions, les plantations maintenues, supprimées ou créées et, le cas échéant, les constructions existantes dont le maintien est prévu.

Il indique également, le cas échéant, les modalités selon lesquelles les bâtiments ou ouvrages seront raccordés aux réseaux publics ou, à défaut d'équipements publics, les équipements privés prévus, notamment pour l'alimentation en eau et l'assainissement.

Enfin, le projet architectural comprend également :

- le plan des façades et des toitures ; lorsque le projet a pour effet de modifier les façades ou les toitures d'un bâtiment existant, ce plan fait apparaître l'état initial et l'état futur ;

- un plan en coupe précisant l'implantation de la construction par rapport au profil du terrain ; lorsque les travaux ont pour effet de modifier le profil du terrain, ce plan fait apparaître l'état initial et l'état futur ;

- un document graphique permettant d'apprécier l'insertion du projet de construction par rapport aux constructions avoisinantes et aux paysages, son impact visuel ainsi que le traitement des accès et du terrain ;

- deux documents photographiques permettant de situer le terrain respectivement dans l'environnement proche et, sauf si le demandeur justifie qu'aucune photographie de loin n'est possible, dans le paysage lointain. Les points et les angles des prises de vue sont reportés sur le plan de situation et le plan de masse.

Où déposer la demande de permis ?

Le dossier de demande d'autorisation d'occupation du sol est déposé ou adressé à la mairie de la commune sur le territoire duquel les travaux sont envisagés.

Qui peut déposer la demande ?

Le propriétaire du terrain ou une personne mandatée par lui, comme par exemple un architecte.

Quels sont les délais de l'instruction du dossier ?

Pour un permis de démolir ou un permis de construire de maison individuelle, le délai est de deux mois.

Pour un permis d'aménager ou un permis de construire ne portant pas sur une maison individuelle, le délai est de trois mois.

La demande de permis de construire fait-elle l'objet d'une publicité ?

Dans les quinze jours qui suivent le dépôt de la demande et pendant la durée de l'instruction, le nom du demandeur, le numéro et la date d'enregistrement de la demande, l'adresse du terrain, la SHON, la hauteur du projet et la destination de la construction sont affichés en mairie et ce, afin d'informer les tiers, qui peuvent opposer un recours au permis déposé.

À noter

En fonction de la commune sur laquelle la construction est projetée, le propriétaire peut être redevable de la taxe locale d'équipement. Pour le savoir, il suffit de consulter le certificat d'urbanisme relatif au terrain. Lorsque la taxe est applicable, il faut joindre à la demande de permis de construire une feuille de renseignements complémentaires qui permet d'en évaluer le montant.

Exemple de demande de permis de construire pour une maison individuelle

Récépissé de depôt d'une demande de permis de construire une maison individuelle ou ses annexes

Madame, Monsieur,

Vous avez déposé une demande de permis de construire. **Le délai d'instruction de votre dossier est de DEUX MOIS** et, si vous ne recevez pas de courrier de l'administration dans ce délai, vous bénéficierez d'un permis tacite.

- **Toutefois, dans le mois qui suit le dépôt de votre dossier, l'administration peut vous écrire :**
  - soit pour vous avertir qu'un autre délai est applicable, lorsque le code de l'urbanisme l'a prévu pour permettre les consultations nécessaires (si votre projet nécessite la consultation d'autres services...) ;
  - soit pour vous indiquer qu'il manque une ou plusieurs pièces à votre dossier ;
  - soit pour vous informer que votre projet correspond à un des cas où un permis tacite n'est pas possible.

- **Si vous recevez une telle lettre avant la fin du premier mois, celle-ci remplacera le présent récépissé.**

- **Si vous n'avez rien reçu à la fin du premier mois suivant le dépôt, le délai de deux mois ne pourra plus être modifié. Si aucun courrier de l'administration ne vous est parvenu à l'issue de ce délai de deux mois, vous pourrez commencer les travaux[1] après avoir :**
  - adressé au maire, en trois exemplaires, une déclaration d'ouverture de chantier (vous trouverez un modèle de déclaration CERFA n° 13407*01 à la mairie ou sur le site internet urbanisme du gouvernement) ;
  - affiché sur le terrain ce récépissé sur lequel la mairie a mis son cachet pour attester la date de dépôt ;
  - installé sur le terrain, pendant toute la durée du chantier, un panneau visible de la voie publique décrivant le projet. Vous trouverez le modèle de panneau à la mairie, sur le site internet urbanisme du gouvernement, ainsi que dans la plupart des magasins de matériaux).

- **Attention : le permis n'est définitif qu'en l'absence de recours ou de retrait :**
  - dans le délai de deux mois à compter de son affichage sur le terrain, sa légalité peut être contestée par un tiers. Dans ce cas, l'auteur du recours est tenu de vous en informer au plus tard quinze jours après le dépôt du recours.
  - dans le délai de trois mois après la date du permis, l'autorité compétente peut le retirer, si elle l'estime illégal. Elle est tenue de vous en informer préalablement et de vous permettre de répondre à vos observations.

1) Certains travaux ne peuvent pas être commencés dès la délivrance du permis et doivent être différés : c'est le cas des travaux situés dans un site classé. Vous pouvez vérifier auprès de la mairie que votre projet n'entre pas dans ces cas.

(à remplir par la mairie)

Le projet ayant fait l'objet d'une demande de permis n°

déposée à la mairie le : ⎵⎵⎵⎵⎵⎵⎵⎵ ,

fera l'objet d'un permis tacite[2] à défaut de réponse de l'administration deux mois après cette date. Les travaux pourront alors être exécutés après affichage sur le terrain du présent récépissé et d'un panneau décrivant le projet conforme au modèle réglementaire.

2) Le maire ou le préfet en délivre certificat sur simple demande.

Cachet de la mairie :

Délais et voies de recours : Le permis peut faire l'objet d'un recours gracieux ou d'un recours contentieux dans un délai de deux mois à compter du premier jour d'une période continue de deux mois d'affichage sur le terrain d'un panneau décrivant le projet et visible de la voie publique (article R. 600-2 du code de l'urbanisme).

L'auteur du recours est tenu, à peine d'irrecevabilité, de notifier copie de celui-ci à l'auteur de la décision et au titulaire de l'autorisation (article R. 600-1 du code de l'urbanisme).

Le permis est délivré sous réserve du droit des tiers : Il vérifie la conformité du projet aux règles et servitudes d'urbanisme. Il ne vérifie pas si le projet respecte les autres réglementations et les règles de droit privé. Toute personne s'estimant lésée par la méconnaissance du droit de propriété ou d'autres dispositions de droit privé peut donc faire valoir ses droits en saisissant les tribunaux civils, même si le permis de construire respecte les règles d'urbanisme.

Demande de
Permis de construire
pour une maison individuelle et / ou ses annexes
comprenant ou non des démolitions

N° 13406*01

1/5

* Informations nécessaires à l'instruction du permis
* Informations nécessaires au calcul des impositions
♦ Informations nécessaires en application de l'article R. 431-34 du code de l'urbanisme

Vous pouvez utiliser ce formulaire si :

- Vous construisez une maison individuelle ou ses annexes.
- Vous agrandissez une maison individuelle ou ses annexes.
- Vous aménagez pour l'habitation tout ou partie d'une construction existante.
- Votre projet comprend des démolitions

Pour savoir précisément à quelle formalité sont soumis vos travaux, vous pouvez vous reporter à la notice explicative ou vous renseigner auprès de la mairie du lieu de votre projet.

Cadre réservé à la mairie du lieu du projet

P C

| Dpt | Commune | Année | N° de dossier |

La présente demande a été reçue à la mairie

le _____ *Cachet de la mairie et signature du receveur*

Dossier transmis : ❑ à l'Architecte des Bâtiments de France
❑ au Directeur du Parc National

* 1 - Identité du ou des demandeurs

Le demandeur indiqué dans le cadre ci-dessous sera le titulaire de la future autorisation et le redevable des taxes d'urbanisme
Si la demande est présentée par plusieurs personnes, indiquez leurs coordonnées sur la fiche complémentaire.
Les décisions prises par l'administration seront notifiées au demandeur indiqué ci-dessous. Une copie sera adressée aux autres demandeurs, qui seront co-titulaires de l'autorisation et solidairement responsables du paiement des taxes.

Vous êtes un particulier   Madame ❑   Monsieur ❑
Nom :   Prénom :

Vous êtes une personne morale
Dénomination :   Raison sociale :
N° SIRET : _____ Catégorie juridique : _____
Représentant de la personne morale : Madame ❑   Monsieur ❑
Nom :   Prénom :

2 - Coordonnées du demandeur

*Adresse : Numéro :   Voie :

Lieu-dit :   Localité :

Code postal : _____ BP : _____ Cedex : _____

Si le demandeur habite à l'étranger : Pays :   Division territoriale :

Si vous souhaitez que les courriers de l'administration (autres que les décisions) soient adressés à une autre personne, veuillez préciser son nom et ses coordonnées :   Madame ❑   Monsieur ❑   Personne morale ❑
Nom :   Prénom :

OU raison sociale :

Adresse : Numéro :   Voie :

Lieu-dit :   Localité :

Code postal : _____ BP : _____ Cedex : _____

Si le demandeur habite à l'étranger : Pays :   Division territoriale :

Téléphone : _____   indiquez l'indicatif pour le pays étranger : _____

❑ J'accepte de recevoir par courrier électronique les documents transmis en cours d'instruction par l'administration à l'adresse suivante : _____ @

J'ai pris bonne note que, dans un tel cas, la date de notification sera celle de la consultation du courrier électronique ou, au plus tard, celle de l'envoi de ce courrier électronique augmentée de huit jours.

3 - Le terrain

* 3.1 - localisation du (ou des) terrain(s)
Les informations et plans (voir liste des pièces à joindre) que vous fournissez doivent permettre à l'administration de localiser précisément le (ou les) terrain(s) concerné(s) par votre projet.
Le terrain est constitué de l'ensemble des parcelles cadastrales d'un seul tenant appartenant à un même propriétaire

Adresse du (ou des) terrain(s)
Numéro :   Voie :

Lieu-dit :   Localité :

Code postal : ⌊_⌋_⌋_⌋_⌋_⌋, BP : ⌊_⌋_⌋_⌋ Cedex : ⌊_⌋_⌋
Références cadastrales : section et numéro [1] (si votre projet porte sur plusieurs parcelles cadastrales, veuillez indiquer les premières ci-dessous et les suivantes sur une feuille séparée) :

* Superficie du (ou des) terrain(s) (en m^2) :

3.2 - Situation juridique du terrain *(ces données, qui sont facultatives, peuvent toutefois vous permettre de faire valoir des droits à construire ou de bénéficier d'impositions plus favorables)*
Êtes-vous titulaire d'un certificat d'urbanisme pour ce terrain ?   Oui ❏   Non ❏   Je ne sais pas ❏
Le terrain est-il situé dans un lotissement ?   Oui ❏   Non ❏   Je ne sais pas ❏
Le terrain est-il situé dans une Zone d'Aménagement Concertée (Z.A.C.) ?   Oui ❏   Non ❏   Je ne sais pas ❏
Le terrain fait-il partie d'un remembrement urbain (Association Foncière Urbain) ?   Oui ❏   Non ❏   Je ne sais pas ❏

Si votre terrain est concerné par l'un des cas ci-dessus, veuillez préciser, si vous les connaissez, les dates de décision ou d'autorisation, les numéros et les dénominations :

3.3 - Terrain issu d'une division de propriété
Si votre terrain est issu de la division d'une propriété bâtie effectuée il y a moins de 10 ans, demandez à la mairie si le plan local d'urbanisme comporte une règle limitant vos droits à construire, instituée antérieurement à la date de la division. Si cette règle existe, le vendeur doit vous avoir remis une attestation indiquant la surface des constructions déjà établies sur l'autre partie du terrain.
Indiquez cette surface (en m^2) : _____ et la superficie du terrain avant division (en m^2) : _____
ou joignez à votre demande une copie de l'attestation

4 - Caractéristiques du projet

4.1 - Architecte
* Vous avez eu recours à un architecte :   Oui ❏   Non ❏
Si oui, vous devez lui faire compléter les rubriques ci-dessous et lui faire apposer son cachet
Nom de l'architecte :   Prénom :

Numéro :   Voie :

Lieu-dit :   Localité :

Code postal : ⌊_⌋_⌋_⌋_⌋_⌋ BP : ⌊_⌋_⌋_⌋ Cedex : ⌊_⌋_⌋
N° d'inscription sur le tableau de l'ordre :
Conseil Régional de :
Téléphone : ⌊_⌋_⌋_⌋_⌋_⌋_⌋_⌋_⌋_⌋ ou Télécopie : ⌊_⌋_⌋_⌋_⌋_⌋_⌋_⌋_⌋_⌋ / ou
Adresse électronique : _____@_____

En application de l'article R. 431-2 du code de l'urbanisme, j'ai pris connaissance des règles générales de construction prévues par le chapitre premier du titre premier du livre premier du code de la construction et de l'habitation et notamment, lorsque la construction y est soumise, les règles d'accessibilité fixées en application de l'article L. 111-7 de ce code.

Signature de l'architecte :	Cachet de l'architecte :

Si vous n'avez pas eu recours à un architecte (ou un agréé en architecture), veuillez cocher la case ci-dessous [2] :
❏ Je déclare sur l'honneur que mon projet entre dans l'une des situations pour lesquelles le recours à l'architecte n'est pas obligatoire

---
1 En cas de besoin, vous pouvez vous renseigner auprès de la mairie
2 Vous pouvez vous dispenser du recours à un architecte (ou un agréé en architecture) si vous êtes en particulier ou une exploitation agricole à responsabilité limitée à associé unique et que vous déclarez vouloir édifier ou modifier pour vous-même :
- Une construction à usage autre qu'agricole dont la surface de plancher hors œuvre nette n'excède pas 170 m^2 ;
- Une construction à usage agricole dont la surface de plancher hors œuvre brute n'excède pas 800 m^2 ;
- Des serres de production dont le pied-droit a une hauteur inférieure à 4 m et dont la surface de plancher hors œuvre brute n'excède pas 2000 m^2.

*4.2 - Nature des travaux envisagés
☐ Nouvelle construction
☐ Travaux sur construction existante

*Courte description de votre projet ou de vos travaux :

4.3 - Surface hors œuvre brute (SHOB)
Si votre projet de construction se situe dans une commune non dotée de plan local d'urbanisme (PLU) ou d'un document en tenant lieu (plan d'occupation des sols, plan de sauvegarde et de mise en valeur, plan d'aménagement de zone), indiquez la surface hors œuvre brute (SHOB) totale du projet
SHOB des travaux de construction (en m²) :

4.4 - Informations complémentaires
♦ Type d'annexes : Piscine ☐   Garage ☐   Véranda ☐   Abri de jardin ☐   Autres annexes à l'habitation ☐
♦ Nombre de logements créés :   Nombre de pièces de la maison :   Nombre de niveaux de la maison :
♦ Mode d'utilisation principale des logements :
Résidence principale ☐   Résidence secondaire ☐   Vente ☐   Location ☐
♦ Mode de financement du projet :
Logement Locatif Social ☐   Accession Sociale (hors prêt à taux zéro) ☐   Prêt à taux zéro ☐
☐ Autres financements :
♦ Avez-vous souscrit un contrat de construction de maison individuelle ?   Oui ☐   Non ☐
♦ Répartition du nombre de logements créés selon le nombre de pièces :
1 pièce ___   2 pièces ___   3 pièces ___   4 pièces ___   5 pièces ___   6 pièces et plus ___
♦ Indiquez si vos travaux comprennent notamment :
Extension ☐   Surélévation ☐   Création de niveaux supplémentaires ☐

*4.5 - Destination des constructions et tableau des surfaces
surfaces hors œuvre nettes [3] (SHON) en m²

Destinations	SHON existantes avant travaux (A)	SHON construites (B)	SHON créées par transformation de SHOB en SHON [4] (C)	SHON créées par changement de destination [5] (D)	SHON démolies ou transformée en SHOB [6] (E)	SHON supprimées par changement de destination [5] (F)	SHON totales = A+B+C+D-E-F
4.5.1 - Habitation							
4.5.2 - Hébergement hôtelier							
4.5.3 - Bureaux							
4.5.4 - Commerce							
4.5.5 - Artisanat [7]							
4.5.6 - Industrie							
4.5.7 - Exploitation agricole ou forestière							
4.5.8 - Entrepôt							
4.5.9 - Service public ou d'intérêt collectif							
4.5.10 - SHON Totales (m²)							

[3] Vous pouvez vous aider de la fiche d'aide pour le calcul des surfaces.
La Surface Hors Œuvre Brute (SHOB) d'une construction est égale à la somme des surfaces de plancher de chaque niveau de la construction, calculée à partir du nu extérieur des murs de façade, y compris les combles et les sous-sols non aménageables, les balcons, les loggias, les toitures-terrasses accessibles. La Surface Hors Œuvre Nette (SHON) est obtenue après déduction de la surface des combles et sous-sols non aménageables, des surfaces non closes, des surfaces de stationnement, des surfaces des bâtiments agricoles, des serres de production (Article R.112-2 du Code de l'urbanisme).
[4] Par exemple la transformation d'un garage (qui constitue uniquement de la SHOB) en pièce habitable (qui constitue de la SHON).
[5] Le changement de destination consiste à transformer une surface existante de l'une des neuf destinations mentionnées dans le tableau vers une autre de ces destinations. Par exemple : la transformation de surfaces de bureaux (4.5.3) en habitation (4.5.1).
[6] Par exemple la transformation d'une pièce habitable (qui constitue de la SHON) en garage (qui constitue uniquement de la SHOB).
[7] L'activité d'artisan est définie par la loi n° 96 603 du 5 juillet 1996 dans ses articles 19 et suivants, « activités professionnelles indépendantes de production, de transformation, de réparation, ou prestation de service relevant de l'artisanat et figurant sur une liste annexée au décret N° 98-247 du 2 avril 1998 ».

4/5

5 - À remplir lorsque le projet nécessite des démolitions

Tous les travaux de démolition ne sont pas soumis à permis. Il vous appartient de vous renseigner auprès de la mairie afin de savoir si votre projet de démolition nécessite une autorisation. Vous pouvez également demander un permis de démolir distinct de la présente demande.

Date(s) approximative(s) à laquelle le ou les bâtiments dont la démolition est envisagée ont été construits : _____

☐ Démolition totale
☐ Démolition partielle

En cas de démolition partielle, veuillez décrire les travaux qui seront, le cas échéant, effectués sur les constructions restantes :

♦ Nombre de logement démolis : _____

• 6 - Fiscalité de l'urbanisme

6.1 - Tableau des affectations *(Informations complémentaires pouvant vous permettre de bénéficier d'impositions plus favorables)*[8]

	Surfaces hors œuvre nettes (SHON en m²)		
	Surface changeant de destination (création de SHON) (A)	Surface nouvelle hors œuvre nette construite (B)	Totale après travaux A+B
6.1.1.- Locaux des exploitations agricoles à usage d'habitation			
6.1.2- Locaux à usage d'habitation principale			
6.1.3- Locaux à usage d'habitation secondaire			
6.1.4- Locaux à usage des particuliers non utilisable pour l'habitation, ni pour aucune activité économique[9]			
6.1.5 – Locaux de bureaux			
6.1.6 – locaux commerciaux et bureaux y attenants			
6.1.7 Locaux artisanaux et bureaux y attenants			
6.1.8 Constructions affectées à un service public ou d'utilité publique			

6.2 - Plafond légal de densité (PLD)
Demandez à la mairie si un plafond légal de densité des constructions est institué dans la commune et si les constructions prévues sur votre terrain dépassent ce plafond. Si oui, indiquez ici la valeur du m² de terrain nu et libre : _____ €
Pour bénéficier le cas échéant de droits acquis, précisez si des constructions existant sur votre terrain avant le 1er avril 1976 ont été démolies : Oui ☐ Non ☐ si oui, indiquez ici la Surface Hors Oeuvre Nette (SHON) démolie (en m²) : _____

6.3 - Participation pour voirie et réseaux
Si votre projet se situe sur un terrain soumis à la participation pour voirie et réseaux (PVR), indiquez les coordonnées du propriétaire ou celles du bénéficiaire de la promesse de vente, s'il est différent du demandeur

Madame ☐   Monsieur ☐   Personne morale ☐

Nom : _____   Prénom : _____

OU raison sociale : _____

Adresse : Numéro : _____   Voie : _____

Lieu-dit : _____   Localité : _____

Code postal : _____ BP _____ Cedex : _____

Si le demandeur habite à l'étranger : Pays : _____   Division territoriale : _____

---

8 En cas d'imprécision, vos locaux seront classés dans la catégorie « autres locaux » soit la 9ème catégorie de l'article 1585 D I du code général des impôts
9 Il s'agit de locaux n'entrant pas dans la catégorie « usage principal d'habitation » (cellier en rez-de-chaussée, appentis, remise, bûcher, atelier familial, abri de jardin, abri et local technique de piscine,...) et de locaux non agricoles, non annexés à l'habitation mais de même nature (accueils d'animaux hors élevage, box à chevaux, remise...)

*7 - Engagement du (ou des) demandeurs

J'atteste avoir qualité pour demander la présente autorisation.[10]
Je soussigné(e), auteur de la demande, certifie exacts les renseignements fournis.
J'ai pris connaissance des règles générales de construction prévues par le chapitre premier du titre premier du livre premier du code de la construction et de l'habitation et notamment, lorsque la construction y est soumise, les règles d'accessibilité fixées en application de l'article L. 111-7 de ce code.
Je suis informé(e) que les renseignements figurant dans cette demande serviront au calcul des impositions prévues par le Code de l'urbanisme.

À
Le :

Signature du (des) demandeur(s)

Votre demande doit être établie en quatre exemplaires et doit être déposée à la mairie du lieu de construction.
Vous devrez produire :
- un exemplaire supplémentaire, si votre projet se situe en périmètre protégé au titre des monuments historiques ;
- un exemplaire supplémentaire, si votre projet se situe dans un site classé, un site inscrit ou une réserve naturelle ;
- deux exemplaires supplémentaires, si votre projet se situe dans un cœur de parc national.

Si vous êtes un particulier : la loi n° 78-17 du 6 janvier 1978 relative à l'informatique, aux fichiers et aux libertés s'applique aux réponses contenues dans ce formulaire pour les personnes physiques. Elle garantit un droit d'accès aux données nominatives les concernant et la possibilité de rectification. Ces droits peuvent être exercés à la mairie. Les données recueillies seront transmises aux services compétents pour l'instruction de votre demande.
Si vous souhaitez vous opposer à ce que les informations nominatives comprises dans ce formulaire soient utilisées à des fins commerciales, cochez la case ci-contre : ❏

---

10 Vous pouvez déposer une demande si vous êtes dans un des quatre cas suivants :
- vous êtes propriétaire du terrain ou mandataire du ou des propriétaires ;
- vous avez l'autorisation du ou des propriétaires ;
- vous êtes co-indivisaire du terrain en indivision ou son mandataire ;
- vous avez qualité pour bénéficier de l'expropriation du terrain pour cause d'utilité publique.

1/2

Bordereau de dépôt des pièces jointes à une demande de permis de construire une maison individuelle et / ou ses annexes

Cocher les cases correspondant aux pièces jointes à votre demande et reporter le numéro correspondant sur la pièce jointe

Pour toute précision sur le contenu exact des pièces à joindre à votre demande de permis de construire, vous pouvez vous référer à la liste détaillée qui vous a été fournie avec le formulaire de demande et demander conseil à la mairie ou à la direction départementale de l'équipement.

Cette liste est exhaustive et aucune autre pièce ne peut vous être demandée.

Vous devez fournir, selon les cas, 4 ou 5 dossiers (se renseigner à la mairie). Vous devez fournir en outre 5 exemplaires supplémentaires des pièces 1 à 3, destinés à la consultation des services techniques compétents.

1) Pièces obligatoires pour tous les dossiers :

	Pièce	Nombre d'exemplaires à fournir
☐	PCMI1. Un plan de situation du terrain [Art. R. 431-7 a) du code de l'urbanisme]	1 exemplaire par dossier + 5 exemplaires supplémentaires
☐	PCMI2. Un plan de masse des constructions à édifier ou à modifier [Art. R. 431-9 du code de l'urbanisme]	1 exemplaire par dossier + 5 exemplaires supplémentaires
☐	PCMI3. Un plan en coupe du terrain et de la construction [Article R. 431-10 b) du code de l'urbanisme]	1 exemplaire par dossier + 5 exemplaires supplémentaires
☐	PCMI4. Une notice décrivant le terrain et présentant le projet [Art. R. 431-8 du code de l'urbanisme]	1 exemplaire par dossier
☐	PCMI5. Un plan des façades et des toitures [Art. R. 431-10 a) du code de l'urbanisme]	1 exemplaire par dossier
☐	PCMI6. Un document graphique permettant d'apprécier l'insertion du projet de construction dans son environnement [Art. R. 431-10 c) du code de l'urbanisme]*	1 exemplaire par dossier
☐	PCMI7. Une photographie permettant de situer le terrain dans l'environnement proche [Art. R. 431-10 d) du code de l'urbanisme]*	1 exemplaire par dossier
☐	PCMI8. Une photographie permettant de situer le terrain dans le paysage lointain [Art. R. 431-10 d) du code de l'urbanisme]*	1 exemplaire par dossier
	(cette pièce n'est pas exigée si votre projet se situe dans un périmètre ayant fait l'objet d'un permis d'aménager)	

2) Pièces à joindre selon la nature ou la situation du projet :

	Pièce	Nombre d'exemplaires à fournir
	Si votre projet se situe dans un lotissement :	
☐	PCMI9. Le certificat indiquant la surface constructible attribuée à votre lot [Art. R. 431-22 a) du code de l'urbanisme]	1 exemplaire par dossier
☐	PCMI10. Le certificat attestant l'achèvement des équipements desservant le lot [Art. R. 431-22 b) du code de l'urbanisme]	1 exemplaire par dossier
	Si votre projet se situe dans une zone d'aménagement concertée (ZAC) :	
☐	PCMI11. Une copie des dispositions du cahier des charges de cession de terrain qui indiquent le nombre de m² constructibles sur la parcelle et, si elles existent, des dispositions du cahier des charges, qui fixent les prescriptions techniques, urbanistiques et architecturales imposées pour la durée de réalisation de la zone [Art. R. 431-23 du code de l'urbanisme]	1 exemplaire par dossier
☐	PCMI12. La convention entre la commune ou l'établissement public et vous qui fixe votre participation au coût des équipements de la zone [Art. R. 431-23 b) du code de l'urbanisme]	1 exemplaire par dossier
	Si votre projet est tenu de respecter les règles parasismiques et paracycloniques :	
☐	PCMI13. L'attestation d'un contrôleur technique [Art. R. 431-16 b) du code de l'urbanisme]	1 exemplaire par dossier

Si votre projet se situe dans une zone où un plan de prévention des risques impose la réalisation d'une étude :

☐ PCMI14. L'attestation de l'architecte ou de l'expert agréé certifiant que l'étude a été réalisée et que le projet la prend en compte [Art. R. 431-16 c) du code de l'urbanisme] — 1 exemplaire par dossier

Si vous demandez un dépassement de COS (coefficient d'occupation des sols) en justifiant que vous remplissez certains critères de performance énergétique :

☐ PCMI15. Un document attestant que le projet respecte les critères de performance énergétique [Art. R. 431-18 du code de l'urbanisme] — 1 exemplaire par dossier

☐ PCMI16. Un engagement d'installer les équipements de production d'énergie renouvelable ou de pompe à chaleur [Art. R. 431-18 du code de l'urbanisme] — 1 exemplaire par dossier

Si votre projet nécessite un défrichement :

☐ PCMI17. La copie de la lettre du préfet qui vous fait savoir que votre demande d'autorisation de défrichement est complète [Art. R. 431-19 du code de l'urbanisme] — 1 exemplaire par dossier

Si votre projet nécessite un permis de démolir :

☐ PCMI18. La justification du dépôt de la demande de permis de démolir [Art. R. 431-21 du code de l'urbanisme] — 1 exemplaire par dossier
OU, si la demande de permis de construire vaut demande de permis de démolir :
☐ PCMI19. Les pièces à joindre à une demande de permis de démolir, selon l'Annexe ci-jointe.

Si votre projet se situe sur le domaine public ou en surplomb du domaine public :

☐ PCMI20. L'accord du gestionnaire du domaine pour engager la procédure d'autorisation d'occupation temporaire du domaine public [Art. R. 431-13 du code de l'urbanisme] — 1 exemplaire par dossier

Si votre projet porte sur des travaux portant sur un monument historique inscrit, dans un immeuble adossé à un monument historique classé, dans un immeuble situé en secteur sauvegardé, en abords d'un monument historique ou en zone de protection du patrimoine architectural, urbain ou paysager :

☐ PCMI21. Une notice faisant apparaître les matériaux utilisés et les modalités d'exécution des travaux [Art. R. 431-14 du code de l'urbanisme] — 1 exemplaire par dossier

Si le terrain ne peut comporter les emplacements de stationnement imposés par le document d'urbanisme :

☐ PCMI22. Le plan de situation du terrain sur lequel seront réalisées les aires de stationnement et le plan des constructions et des aménagements correspondants [Art. R. 431-26 a) du code de l'urbanisme] — 1 exemplaire par dossier
OU
☐ PCMI23. La promesse synallagmatique de concession ou d'acquisition [Art. R. 431-26 b) du code de l'urbanisme]

Si votre projet est subordonné à une servitude dite « de cours communes » :

☐ PCMI24. Une copie du contrat ou de la décision judiciaire relatifs à l'institution de ces servitudes [Art. R. 431-32 du code de l'urbanisme] — 1 exemplaire par dossier

Si votre projet est subordonné à un transfert des possibilités de construction :

☐ PCMI25. Une copie du contrat ayant procédé au transfert des possibilités de construction résultant du COS [Art. R. 431-33 du code de l'urbanisme] — 1 exemplaire par dossier

Si votre projet se situe dans une commune ayant instauré un plafond légal de densité et si votre projet dépasse ce plafond, Si vous pensez bénéficier d'une exonération prévue à l'article L. 112-2 du code de l'urbanisme :

☐ PCMI26. Un extrait de la matrice cadastrale [Art. R.333-3 du code de l'urbanisme] — 1 exemplaire par dossier

☐ PCMI27. Un extrait du plan cadastral [Art. R.333-3 du code de l'urbanisme] — 1 exemplaire par dossier

☐ PCMI28. Les justificatifs qui indiquent que votre projet peut bénéficier d'une exonération prévue à l'article L. 112-2 du code de l'urbanisme [Art. R.333-3 du code de l'urbanisme] — 1 exemplaire par dossier

ANNEXE
Bordereau de dépôt des pièces jointes lorsque le projet comporte des démolitions

1/1

Cocher les cases correspondant aux pièces jointes à votre demande et reporter le numéro correspondant sur la pièce jointe

1) Pièces obligatoires pour tous les dossiers :

Pièce	Nombre d'exemplaires à fournir
☐ A1. Un plan de masse des constructions à démolir ou s'il y a lieu à conserver [Art. R. 451-2 b) du code de l'urbanisme]	1 exemplaire par dossier
☐ A2. Une photographie du ou des bâtiments à démolir [Art. R. 451-2 c) du code de l'urbanisme]	1 exemplaire par dossier

2) Pièces à joindre selon la nature ou la situation du projet :

Pièce	Nombre d'exemplaires à fournir
Si votre projet porte sur la démolition totale d'un bâtiment inscrit au titre des monuments historiques :	
☐ A3. Une notice expliquant les raisons pour lesquelles la conservation du bâtiment ne peut plus être assurée [Art. R. 451-3 a) du code de l'urbanisme]	1 exemplaire par dossier
☐ A4. Des photographies des façades et toitures du bâtiment et de ses dispositions intérieures [Art. R. 451-3 b) du code de l'urbanisme]	1 exemplaire par dossier
Si votre projet porte sur la démolition partielle d'un bâtiment inscrit au titre des monuments historiques :	
☐ A5. Une notice expliquant les raisons pour lesquelles la conservation du bâtiment ne peut plus être assurée [Art. R. 451-3 a) du code de l'urbanisme]	1 exemplaire par dossier
☐ A6. Des photographies des façades et toitures du bâtiment et de ses dispositions intérieures [Art. R. 451-3 b) du code de l'urbanisme]	1 exemplaire par dossier
☐ A7. Le descriptif des moyens mis en œuvre pour éviter toute atteinte aux parties conservées du bâtiment [Art. R. 451-2 c) du code de l'urbanisme]	1 exemplaire par dossier
Si votre projet porte sur la démolition d'un bâtiment adossé à un immeuble classé au titre des monuments historiques :	
☐ A8. Des photographies faisant apparaître l'ensemble des parties extérieures et intérieures du bâtiment adossées à l'immeuble classé [Art. R. 451-4 a) du code de l'urbanisme]	1 exemplaire par dossier
☐ A9. Le descriptif des moyens mis en œuvre pour éviter toute atteinte à l'immeuble classé [Art. R. 451-4 b) du code de l'urbanisme]	1 exemplaire par dossier

Notice d'information pour les demandes de permis de construire, permis d'aménager, permis de démolir et déclaration préalable

N°51190#01

1/2

Articles L.421-1 et suivants ; R.421-1 et suivants du code de l'urbanisme

1. Quel Formulaire devez-vous utiliser pour être autorisé à réaliser votre projet ?

Il existe trois permis :
- le permis de construire ;
- le permis d'aménager ;
- le permis de démolir.

Certains travaux et aménagements doivent simplement être l'objet d'une **déclaration préalable**.

Enfin, des travaux et aménagements ne sont soumis à **aucune formalité au titre du code de l'urbanisme**. Ils doivent cependant respecter les règles locales d'urbanisme.

En fonction de la nature, de l'importance et de la localisation de votre projet, vous devez établir votre demande ou votre déclaration sur le formulaire correspondant. Une notice explicative détaillée est disponible sur le site du ministère chargé de l'urbanisme *(http://www.urbanisme.equipement.gouv.fr/)*. Elle vous aidera à déterminer à quelle procédure est soumis votre projet.

• **Le formulaire de demande de permis d'aménager, de construire ou de démolir** peut être utilisé pour tous types de travaux ou d'aménagement.
Si votre projet comprend des aménagements, des constructions et des démolitions, vous pouvez choisir de demander un seul permis. Le permis d'aménager peut autoriser des constructions et/ou des démolitions. Le permis de construire peut autoriser les démolitions.
Attention : les pièces à joindre seront différentes en fonction de la nature des travaux

• **Le formulaire de demande de permis de construire pour une maison individuelle** doit être utilisé pour les projets de construction d'une maison individuelle d'habitation et ses annexes (garages, ...) ou pour tous travaux sur une maison individuelle existante.
Si votre projet nécessite d'effectuer des démolitions soumises à permis de démolir, vous pouvez en faire la demande avec ce formulaire.

• **Le formulaire de demande de permis de démolir** peut être utilisé pour toute demande de démolition totale ou partielle d'une construction protégée ou située dans un secteur protégé.
Lorsque ces démolitions dépendent d'un projet de construction ou d'aménagement, le formulaire de demande de permis d'aménager ou de permis de construire permet aussi de demander l'autorisation de démolir.

• **Le formulaire de déclaration préalable** permet de déclarer des aménagements ou des constructions non soumis à permis. Lorsque des démolitions sont nécessaires pour la réalisation de ces travaux ou aménagements, vous pouvez en faire la demande avec votre déclaration préalable.

2. Informations utiles

• **Qui peut déposer une demande ?**
Vous pouvez déposer une demande si vous déclarez que vous êtes dans l'une des quatre situations suivantes :
- vous êtes propriétaire du terrain ou mandataire du ou des propriétaires ;
- vous avez l'autorisation du ou des propriétaires ;
- vous êtes co-indivisaire du terrain en indivision ou son mandataire ;
- vous avez qualité pour bénéficier de l'expropriation du terrain pour cause d'utilité publique.

• **Recours à l'architecte :**
En principe vous devez faire appel à un architecte pour établir votre projet de construction et pour présenter votre demande de permis de construire. Cependant, vous n'êtes pas obligé de recourir à un architecte (ou un agréé en architecture) si vous êtes un particulier ou une exploitation agricole à responsabilité limitée à associé unique et que vous déclarez vouloir édifier ou modifier pour vous-même :
- Une construction à usage autre qu'agricole dont la surface de plancher hors oeuvre nette n'excède pas 170 mètres carrés ;
- Une extension de construction à usage autre qu'agricole dont la surface de plancher hors oeuvre nette, cumulée à la surface existante, n'excède pas 170 mètres carrés ;
- Une construction à usage agricole dont la surface de plancher hors oeuvre brute n'excède pas 800 mètres carrés ;
- Des serres de production dont le pied-droit a une hauteur inférieure à 4 mètres et dont la surface de plancher hors oeuvre brute n'excède pas 2000 mètres carrés.

3. Modalités pratiques

• **Comment constituer le dossier de demande ?**
Pour que votre dossier soit complet, le formulaire doit être soigneusement rempli. Le dossier doit comporter les pièces figurant dans le bordereau de remise. Le numéro de chaque pièce figurant dans le bordereau de remise doit être reporté sur la pièce correspondante.
Si vous oubliez des pièces ou si les informations nécessaires à l'examen de votre demande ne sont pas présentes, l'instruction de votre dossier ne pourra pas débuter.
Une notice explicative détaillée est disponible sur le site du ministère chargé de l'urbanisme http://www.urbanisme.equipement. gouv.fr/). Elle vous aidera à constituer votre dossier et à déterminer le contenu de chaque pièce à joindre.

Attention : votre dossier sera examiné sur la foi des déclarations et des documents que vous fournissez. En cas de fausse déclaration, vous vous exposez à une annulation de la décision et à des sanctions pénales.

• **Combien d'exemplaires faut-il fournir ?**
Pour les demandes de permis, vous devez fournir quatre exemplaires de la demande et du dossier qui l'accompagne.
Pour la déclaration préalable, vous devez fournir deux exemplaires de la demande et du dossier qui l'accompagne.

Attention : des exemplaires supplémentaires sont parfois nécessaires si vos travaux ou aménagements sont situés dans un secteur protégé (monument historique, site, réserve naturelle, parc national, ...).

Attention : certaines pièces sont demandées en nombre plus important parce qu'elles seront envoyées à d'autres services pour consultation et avis.

• **Où déposer la demande ou la déclaration ?**
La demande ou la déclaration doit être adressée par pli recommandé avec demande d'avis de réception ou déposée à la mairie de la commune où se situe le terrain. Le récépissé qui vous sera remis vous précisera les délais d'instruction.

• **Quand sera donnée la réponse ?**
Le délai d'instruction est de :
- 3 mois pour les demandes de permis de construire ou d'aménager ;
- 2 mois pour les demandes de permis de construire une maison individuelle et pour les demandes de permis de démolir ;
- 1 mois pour les déclarations préalables.
Si votre projet nécessite une modification du délai d'instruction, vous en serez informé dans le mois qui suit le dépôt de votre demande en mairie.

4. Informations complémentaires

Si vous avez un doute sur la situation de votre terrain ou sur le régime (permis ou déclaration) auquel doit être soumis votre projet, vous pouvez vous renseigner auprès de la mairie du lieu du dépôt de la demande.

Une notice explicative détaillée est disponible sur le site du ministère chargé de l'urbanisme. Elle vous aidera à déterminer à quelle procédure est soumis votre projet. Vous y trouverez également une aide pour la constitution de votre dossier.

❏ Adresse du portail Internet du ministère :
http://www.urbanisme.equipement.gouv.fr/

❏ Vous pouvez remplir un formulaire en ligne :
http://www2.equipement.gouv.fr/formulaires/formdomaines.htm

L'instruction de la demande de permis de construire

Dans la majorité des cas, le maire doit faire connaître son avis dans un délai de deux mois à compter de l'enregistrement de la demande de permis.

Si le dossier est incomplet, dans les quinze jours à compter de la date de dépôt, le demandeur est invité à le régulariser.

Si le dossier est complet, l'administration adresse au demandeur une lettre de notification qui indique le numéro d'enregistrement de la demande et le délai de l'instruction.

> *Qu'advient-il si l'administration n'envoie pas la lettre de notification ?*
>
> Dans l'hypothèse où l'administration n'enverrait pas de lettre de notification ou si la lettre ne mentionne pas le délai de l'instruction, vous pouvez formuler une requête en instruction. Faute de réponse dans les huit jours, le délai est réputé être de deux mois.

Le service chargé de l'instruction devra ensuite recueillir plusieurs avis et accords variables selon la construction réalisée. Peuvent ainsi être consultés le préfet, l'architecte des Bâtiments de France ou encore le public, par le biais d'une enquête.

L'autorisation de construire

Lorsque l'administration décide d'autoriser explicitement la construction, la décision prend la forme d'un arrêté du maire, du préfet ou du ministre. Lorsque la commune est dotée d'un plan d'occupation des sols, aujourd'hui appelé « plan local d'urbanisme », c'est le maire qui est compétent pour rendre l'arrêté. Le permis peut également être tacite. Tel est notamment le cas s'agissant de travaux sur des immeubles « classés ».

Les décisions concluant l'instruction du dossier sont expresses, c'est-à-dire notifiées au demandeur, ou tacite. En ce dernier cas, l'administration demeure silencieuse.

– Les décisions expresses : l'autorité compétente se prononce par arrêté sur la demande de permis. En cas de rejet de la demande, l'administration doit motiver son refus. Elle doit ainsi fournir à l'administré les raisons du rejet.

– Les décisions tacites : à défaut de réponse de l'administration dans le délai accordé, le permis est considéré comme tacitement accordé. C'est l'une des innovations de l'ordonnance du 8 décembre 2005.

Il importe de rappeler que le demandeur ayant obtenu un permis de construire doit afficher la mention du permis sur le terrain, que la décision soit tacite ou expresse.

A noter

Dans certains cas, le permis peut être conditionnel. L'autorisation est alors subordonnée à des obligations techniques ou financières, par exemple, pour des opérations liées à la sécurité et à la salubrité.

Quoi qu'il en soit, à l'égard de l'auteur de la demande, le permis devient exécutoire à compter de la date de l'arrêté. Les travaux peuvent alors commencer. Bien entendu, le permis de construire ne confère le droit d'effectuer que les travaux indiqués dans le dossier de la demande. Dès lors, si le propriétaire change d'avis sur la nature de la construction, il doit déposer soit une demande de permis de construire modificatif soit une nouvelle demande de permis de construire.

En tout état de cause, l'obtention du permis ne dispense pas du respect de la réglementation applicable en matière d'urbanisme et de construction lors de la réalisation des travaux.

Une fois le permis délivré, avez-vous l'obligation de procéder à la construction ?

Le permis de construire n'implique pas l'obligation de construire. Vous pouvez tout à fait renoncer à votre projet de travaux. Cependant, dans tous les cas, le permis de construire n'est valable que dans l'année qui suit la date de délivrance.

Enfin, pour satisfaire à l'obligation d'information vis-à-vis des tiers, le permis de construire doit faire l'objet de deux types de mesures de publicité :

– il doit être affiché sur le terrain, à l'extérieur, de manière visible, c'est-à-dire sur un panneau rectangulaire dont les dimensions sont supérieures à 80 cm et qui indique l'identité du bénéficiaire, la date et le numéro du permis, la nature des travaux, l'adresse de la mairie où peut être consulté le dossier et, s'il y a lieu, la superficie du terrain, la surface de plancher autorisée et la hauteur de la construction ;

– un extrait du permis est affiché en mairie.

Que devez-vous faire avant de débuter les travaux ?

Lorsque vous commencez la construction, vous avez l'obligation de procéder à une déclaration d'ouverture du chantier. Adressé au maire ou au préfet, ce document permet à l'administration, pendant toute la durée des travaux et les deux années qui suivent, de visiter les constructions et de se faire communiquer tous les documents techniques se rapportant à leur réalisation.

Les recours contre le refus de délivrance du permis

L'autorité administrative peut refuser de délivrer le permis de construire. Dans ce cas, sont sanctionnées par le refus les contradictions existant entre l'objet de la demande et les règles applicables en matière d'urbanisme. L'administration doit alors indiquer les circonstances de fait qui justifient la décision et/ou les prescriptions légales sur lesquelles elle se fonde. Son refus doit donc être motivé de façon explicite. Ce refus est néanmoins susceptible de recours.

De la même façon, il est possible de faire contrôler la régularité d'un permis de construire et ce, même s'il concerne un tiers, comme par exemple un voisin.

Le recours juridictionnel contre la décision administrative est obligatoirement porté devant le juge administratif, soit, en pratique, devant le tribunal administratif.

⚖ Côté Loi

Article R. 490-7 du Code de l'urbanisme

« Le délai de recours contentieux à l'encontre du permis de construire court à l'égard des tiers à compter de la plus tardive des deux dates suivantes :
– le premier jour d'une période continue de deux mois d'affichage sur le terrain (…)
– le premier jour d'une période continue de deux mois d'affichage en mairie (…) »

Devez-vous systématiquement avoir recours à un avocat ?

Devant le tribunal administratif, vous n'êtes pas tenu de vous constituer avocat et/ou d'être représenté par un juriste. Vous pouvez donc aller vous-même plaider votre cause devant le juge.

Deux types de recours peuvent être exercés.

Le recours pour excès de pouvoir

Le recours pour excès de pouvoir permet d'annuler une décision qui aurait été prise en violation des dispositions légales. Pour ce faire, vous devez simplement justifier d'un intérêt personnel et direct pour pouvoir agir en justice. En l'espèce, l'intérêt invoqué doit être de nature urbanistique. Par exemple, en cas d'installation d'un concurrent à votre activité professionnelle, vous ne pouvez pas contester le permis de construire sur ce seul fondement. Il faudra faire prévaloir une violation des dispositions légales. Vous pourrez ainsi obtenir de l'autorité compétente (généralement le maire en matière de permis de construire) qu'elle retire son permis de construire irrégulier, qu'elle le modifie ou qu'elle retire son refus.

Le recours en plein contentieux

Il s'agit d'une demande de dommages et intérêts tendant à la réparation du préjudice causé par un permis de construire irrégulièrement accordé, ou par un refus d'autorisation irrégulièrement opposé.

À noter

Avant d'exercer un recours en justice, vous avez intérêt à effectuer un recours gracieux, ou à inviter le préfet à déférer la décision critiquée. Le permis de construire est alors transmis au préfet pour l'exercice du contrôle de légalité. Celui-ci peut déférer au tribunal administratif l'autorisation considérée comme illégale.

– Le recours gracieux est adressé au supérieur hiérarchique de la personne qui a rendu la décision attaquée (exemple : le préfet). Il prend la forme d'un courrier adressé en recommandé avec accusé de réception. Le délai pour le recours gracieux est le même que pour le recours contentieux, c'est-à-dire trois mois.

— La procédure de déféré permet de saisir le préfet. Ce dernier va de ce fait porter un avis sur la décision que vous estimez infondée. Le refus du préfet de déférer l'acte devant le tribunal administratif est insusceptible de recours.

La déclaration d'achèvement des travaux

Dans les trente jours qui suivent l'achèvement des travaux, vous devez procéder à une déclaration d'achèvement. Cette déclaration, dont le modèle est disponible en mairie, est adressée au maire en trois exemplaires sous la forme recommandée avec accusé de réception ou déposée contre décharge en mairie. Elle permet de vérifier si les travaux sont conformes au permis de construire.

Côté Cour

Cour de cassation - 6 janvier 1999
La notion d'achèvement des travaux

Pour la Cour de cassation, un immeuble doit être considéré comme achevé à partir du moment où les travaux de construction ont été complètement exécutés sur tous les points du permis de construire et où il est en état d'être affecté à l'usage auquel il est destiné.

Le certificat de conformité

Dans les trois mois qui suivent la déclaration d'achèvement, l'autorité qui vous a délivré le permis doit vous adresser un certificat de conformité. Dans le cas contraire, vous devez mettre en demeure l'administration d'y procéder. Faute de réponse dans un délai d'un mois, le certificat de conformité est réputé tacite. Si, en revanche, l'autorité considère que les travaux ne sont pas conformes, vous encourez des sanctions pouvant aller jusqu'à la destruction de l'ouvrage.

Exemple de déclaration d'achèvement de travaux

Déclaration attestant l'achèvement et la conformité des travaux

1/2

N° 13408*01

Vous devez utiliser ce formulaire pour :
- Déclarer l'achèvement des travaux de construction ou d'aménagement
- Déclarer que les travaux de construction ou d'aménagement sont conformes à l'autorisation et respectent les règles générales de construction
- Déclarer que le changement de destination ou la division de terrain a été effectué et est conforme au permis ou à la déclaration préalable

Cadre réservé à la mairie du lieu de projet

La présente déclaration a été reçue à la mairie

le .... *Cachet de la mairie et signature du receveur*

1 - Désignation du permis ou de la déclaration préalable

☐ Permis de construire ➪ N° ....

☐ Permis d'aménager ➪ N° ....
S'agit-il d'un aménagement pour lequel l'aménageur a été autorisé à différer les travaux de finition des voiries? ☐ Oui ☐ Non
Si oui, date de finition des voiries fixées au : ....

☐ Déclaration préalable ➪ N° ....

2 - Identité du déclarant (Le déclarant est le titulaire de l'autorisation)

Vous êtes un particulier Madame ☐ Monsieur ☐
Nom : .... Prénom : ....

Vous êtes une personne morale
Dénomination : .... Raison sociale : ....
N° SIRET : |_|_|_|_|_|_|_|_|_|_|_|_|_|_| Catégorie juridique : |_|_|_|_|
Représentant de la personne morale : Madame ☐ Monsieur ☐
Nom : .... Prénom : ....

3 - Coordonnées du déclarant (Ne remplir qu'en cas de changement des coordonnées du titulaire de l'autorisation ou du déclarant. Vous pouvez également remplir la fiche complémentaire en cas de changement des coordonnées du déclarant ou du titulaire du permis.

Adresse : Numéro : .... Voie : ....
Lieu-dit : .... Localité : ....
Code postal : |_|_|_|_|_| BP : |_|_|_|_| Cedex : |_|_|
Si le demandeur habite à l'étranger : Pays : .... Division territoriale : ....
☐ J'accepte de recevoir par courrier électronique les documents transmis en cours d'instruction par l'administration à l'adresse suivante : .... @ ....
J'ai pris bonne note que, dans un tel cas, la date de notification sera celle de la consultation du courrier électronique ou, au plus tard, celle de l'envoi de ce courrier électronique augmentée de huit jours.

4 - Achèvement des travaux

Chantier achevé le : ....
Ensemble des divisions effectué le : ....
Changement de destination effectué le : ....

☐ Pour la totalité des travaux

☐ Pour une tranche des travaux
Veuillez préciser quels sont les aménagements ou constructions achevés :

L'aménageur a été autorisé à différer les travaux de finition des voiries ? Oui ☐ Non ☐

Surface hors œuvre nette créée (en m²) :
Nombre de logements terminés :   dont individuels :   dont collectifs :
Répartition du nombre de logements terminés par type de financement

☐ Logement Locatif Social : ....
☐ Accession Sociale (hors prêt à taux zéro) : ....
☐ Prêt à taux zéro : ....
☐ Autres financements : ....

J'atteste que les travaux sont achevés et qu'ils sont conformes à l'autorisation (permis ou non-opposition à la déclaration préalable)[1]

À   À
Le :   Le :

Signature du (ou des) déclarant(s)   Signature de l'architecte (ou de l'agréé
                                              en architecture) s'il a dirigé les travaux

---

Pièces à joindre (*cocher les pièces jointes à votre déclaration attestant l'achèvement et la conformité des travaux*) :

☐ AT.1 - L'attestation constatant que les travaux réalisés respectent les règles d'accessibilité applicables mentionnées à l'art. R. 111-19-21 du code de la construction et de l'habitation ;

☐ AT.2 - Dans les cas prévus par les 4° et 5° de l'article R. 111-38 du code de la construction et de l'habitation, la déclaration d'achèvement est accompagnée du document prévu à l'article L. 112-19 de ce code, établi par un contrôleur technique mentionné à l'article L. 111-23 de ce code, attestant que le maître d'ouvrage a tenu compte de ses avis sur le respect des règles de construction parasismiques et para-cycloniques prévues par l'article L. 563-1 du code de l'environnement.

La déclaration attestant l'achèvement et la conformité des travaux est adressée :
- soit par pli recommandé avec demande d'avis de réception postal au maire de la commune ;
- soit déposée contre décharge à la mairie.

À compter de la réception en mairie de la déclaration, l'administration dispose d'un délai de **trois mois** pour contester la conformité des travaux au permis ou à la déclaration préalable. Ce délai est porté à **cinq mois** si votre projet entre dans l'un des cas prévu à l'article R. 462-7 du code de l'urbanisme[2].

Dans le délai de 90 jours à compter du moment où les locaux sont utilisables, même s'il reste encore des travaux à réaliser, le propriétaire doit adresser une déclaration par local (maison individuelle, appartement, local commercial, etc.) au centre des impôts ou au centre des impôts fonciers (consulter ces services). Ces obligations déclaratives s'appliquent notamment lorsque le permis ou la déclaration préalable ont pour objet la création de surfaces nouvelles ou le changement de destination de surfaces existantes. Le défaut de déclaration entraîne la perte des exonérations temporaires de taxe foncière de 2, 10, 15 ou 20 ans (dispositions de l'article 1406 du code général des impôts).

Si vous êtes un particulier : la loi n° 78-17 du 6 janvier 1978 relative à l'informatique, aux fichiers et aux libertés s'applique aux réponses contenues dans ce formulaire pour les personnes physiques. Elle garantit un droit d'accès aux données nominatives les concernant et la possibilité de rectification. Ces droits peuvent être exercés à la mairie. Les données recueillies seront transmises aux services compétents pour l'instruction de votre demande.
Si vous souhaitez vous opposer à ce que les informations nominatives comprises dans ce formulaire soient utilisées à des fins commerciales, cochez la case ci-contre : ☐

---

[1] La déclaration doit être signée par le bénéficiaire de l'autorisation ou par l'architecte ou l'agréé en architecture, dans le cas où ils ont dirigé les travaux.
[2] Travaux concernant un immeuble inscrit au titre des monuments historiques ; travaux situés dans un secteur sauvegardé, dans un site inscrit ou classé au titre du code de l'environnement, travaux concernant un immeuble de grande hauteur ou recevant du public ; travaux situés dans le cœur d'un parc national ou dans un espace ayant vocation à être classés dans le cœur d'un futur parc national ; travaux situés dans un secteur couvert par un plan de prévention des risques.

Chapitre 4

Déclarer ses travaux

- Les travaux soumis à déclaration préalable
- Le dossier de déclaration préalable

Afin de simplifier la procédure, il a été décidé d'exempter certains travaux du permis de construire et de les soumettre à une simple déclaration préalable. Il s'agit donc d'un régime moins contraignant. Cependant, il ne vous dispense pas d'un contrôle de l'administration sur la nature des travaux.

Ce contrôle se déroule en trois phases :
- le dossier de déclaration ;
- l'instruction de ce dossier ;
- la décision de l'administration.

La décision de l'administration est néanmoins susceptible de recours.

Les travaux soumis à déclaration préalable

Quatre catégories de travaux sont soumises au régime de la déclaration préalable : les travaux de faible importance, les travaux de ravalement, les travaux sur les immeubles classés monuments historiques ainsi que ceux relatifs aux installations techniques nécessaires au fonctionnement des services publics.

Les travaux de faible importance

Le Code de l'urbanisme et la jurisprudence précisent qu'un certain nombre de constructions ne sont pas soumises au permis de construire mais à la simple déclaration de travaux.

C'est le cas notamment des piscines non couvertes. En pratique, cela peut aboutir à un résultat peu cohérent, comme l'obligation de déclarer seulement les travaux relatifs à la construction d'une piscine et de demander un permis de construire pour la maisonnette qui permet de ranger les accessoires d'entretien !

Les châssis et serres destinés à l'exploitation agricole ou horticole nécessitent une déclaration si leur hauteur au-dessus du sol est comprise entre 1,5 et 4 m et que leur superficie est inférieure à 2 000 m^2. Par conséquent, pour les châssis et serres d'une hauteur supérieure à 4 m et/ou d'une superficie dépassant 2 000 m^2, un permis de construire est exigé.

Les travaux sur des constructions existantes qui n'ont pas pour finalité de changer la destination de l'immeuble (voir chapitre 3) entrent dans le champ d'application de la déclaration de travaux.

Deux conditions sont tout de même requises pour que ces travaux sur un immeuble existant soient exemptés du permis de construire :

– ils ne doivent pas avoir pour effet de créer une surface de plancher nouvelle ;

– ils ne doivent pas avoir pour effet de créer, sur un terrain supportant déjà un bâtiment, une surface de plancher hors œuvre brute inférieure ou égale à 20 m^2.

En résumé :

Les constructions nouvelles soumises à déclaration préalable

Les constructions dont la surface hors œuvre brute est supérieure à 2 m^2 et inférieure à 20 m^2.

Les habitations légères de loisirs implantées dans les conditions de l'article R. 111-32 et dont la superficie hors œuvre nette est supérieure à 35 m^2.

Les murs dont la hauteur est égale ou supérieure à 2 m.

Les piscines dont le bassin a une superficie inférieure ou égale à 100 m^2 et dont la couverture est inférieure à 1, 80 m.

Les châssis et serres dont la hauteur est comprise entre 1, 80 m et dont la surface n'excède pas 2 000 m^2 sur une même unité foncière.

Les travaux et changements de destination soumis à déclaration préalable

Les travaux de ravalement et des travaux qui modifient l'aspect extérieur des constructions.

Les travaux intérieurs portant sur un immeuble situé en secteur sauvegardé par la loi.

Les travaux ayant pour effet de créer une surface hors œuvre nette brute supérieure à 2 m^2 et inférieure à 20 m^2 ou de transformer plus de 10 m^2 de surface hors œuvre brute en surface hors œuvre nette.

Dans ces conditions, les travaux sur un immeuble existant ne font-ils pas l'objet d'une demande de permis de construire ?

Les travaux sur des ouvrages existants qui remplissent ces conditions sont exemptés de permis de construire même s'ils modifient l'aspect extérieur de l'immeuble. À titre d'exemple, la création d'une porte nécessitant un trou dans une façade fait l'objet d'une déclaration préalable de travaux et non d'un permis de construire.

Les terrains de camping et de caravanage, les parcs de loisirs, les habitations légères de loisirs de moins de 35 m² de surface hors œuvre nette (SHON) (voir chapitre 1) relèvent eux aussi du champ d'application de la déclaration de travaux.

Dans quels cas le mobile home que vous avez dans votre jardin doit-il faire l'objet d'une déclaration préalable ?

Le mobile home muni de ses roues mais impossible à déplacer par simple traction n'est pas soumis au permis de construire. Une déclaration préalable suffit.

Les antennes d'une dimension supérieure à 1 m sont soumises à une déclaration préalable.

Les travaux de ravalement

Les travaux effectués sur des façades de constructions existantes requièrent une déclaration préalable.

Les travaux sur des monuments historiques

Les édifices classés conformément à la législation sur les monuments historiques sont régis par un régime assez strict. À ce titre, l'ensemble des travaux sur ces édifices nécessite une déclaration préalable. Dès lors qu'il s'agit d'une construction, un permis de construire est requis.

Les travaux relatifs aux installations techniques des services publics

Les services publics disposent d'un régime plus souple pour effectuer leurs travaux ainsi que leurs constructions. Par exemple, les ouvrages couverts par un secret défense sont toujours exemptés de permis de construire pour n'être soumis qu'à une déclaration préalable.

De la même façon, les travaux qui concernent la circulation maritime et fluviale (exemple : phare), aérienne (exemple : tour de contrôle), ferroviaire et routière relèvent du champ d'application de la déclaration préalable. Entrent également dans cette catégorie, les travaux pour la télécommunication (exemple : pylônes) ou la distribution du gaz et de l'électricité.

Le dossier de déclaration préalable

Contrairement au sens que suggère le terme *déclaration*, le régime de la déclaration préalable ne se résume pas à prévenir l'administration des travaux que vous comptez effectuer. Il s'agit en fait d'obtenir l'autorisation de l'administration. Vous devez donc retirer en mairie un dossier à remplir, qui sera ensuite instruit avant que l'on vous accorde ou non la possibilité de réaliser vos travaux.

Le dépôt du dossier

Le propriétaire, son mandataire ou la personne ayant qualité pour exercer les travaux doit déposer un dossier auprès du maire. Ce dossier, établi en trois exemplaires, est soit adressé au maire sous la forme recommandée avec accusé de réception, soit déposé à la mairie contre décharge. Un formulaire est disponible en mairie.

Doivent être précisées :
– l'identité du déclarant ;
– la situation et la superficie du terrain ;
– l'identité du propriétaire s'il n'est pas l'auteur de la déclaration ;
– la nature et la désignation des travaux projetés.

En outre, ce dossier comprend :
– un plan de situation du terrain ;
– un plan de masse, coté dans ses trois dimensions, de la partie sur laquelle porte le projet ;
– une représentation de l'aspect extérieur de la construction faisant apparaître les modifications projetées.

À noter

Dans le cas de travaux portant sur un immeuble en copropriété, le dossier doit aussi comporter la preuve de l'accord des copropriétaires ou le règlement de copropriété autorisant expressément ces travaux.

Exemple de formulaire de déclaration de travaux

Déclaration préalable
Constructions, travaux, installations et aménagements non soumis à permis comprenant ou non des démolitions

1/7

cerfa
N° 13404*01

* Informations nécessaires à l'instruction de la déclaration
* Informations nécessaires au calcul des impositions
* Informations nécessaires en application de l'article R. 431-34 du code de l'urbanisme

Vous pouvez utiliser ce formulaire si :

* Vous réalisez un aménagement (lotissement, camping, aire de stationnement, aire d'accueil de gens du voyage, ...) de faible importance soumis à simple déclaration.
* Vous réalisez des travaux (construction, transformation de construction existante...) ou un changement de destination soumis à simple déclaration.
* Votre projet comprend des démolitions.

Pour savoir précisément à quelle formalité sont soumis vos travaux et aménagements, vous pouvez vous reporter à la notice explicative ou vous renseigner auprès de la mairie du lieu de votre projet.

Cadre réservé à la mairie du lieu du projet

D P

Dpt   Commune   Année   N° de dossier

La présente demande a été reçue à la mairie

le   *Cachet de la mairie et signature du receveur*

Dossier transmis : ☐ à l'Architecte des Bâtiments de France
                   ☐ au Directeur du Parc National

1 - Identité du déclarant
Le déclarant indiqué dans le cadre ci-dessous pourra réaliser les travaux ou les aménagements en l'absence d'opposition. Il sera le cas échéant redevable des taxes d'urbanisme

Vous êtes un particulier   Madame ☐   Monsieur ☐
Nom :   Prénom :

Vous êtes une personne morale
Dénomination :   Raison sociale :
N° SIRET :   Catégorie juridique :
Représentant de la personne morale : Madame ☐   Monsieur ☐
Nom :   Prénom :

2 - Coordonnées du déclarant

*Adresse : Numéro :   Voie :
Lieu-dit :   Localité :
Code postal :   BP :   Cedex :
Si le déclarant habite à l'étranger : Pays :   Division territoriale :

Si vous souhaitez que les courriers de l'administration (autres que les décisions) soient adressés à une autre personne, veuillez préciser son nom et ses coordonnées :   Madame ☐   Monsieur ☐   Personne morale ☐
Nom :   Prénom :
OU raison sociale :
Adresse : Numéro :   Voie :
Lieu-dit :   Localité :
Code postal :   BP :   Cedex :
Si le déclarant habite à l'étranger : Pays :   Division territoriale :
Téléphone :   indiquez l'indicatif pour le pays étranger :

☐ J'accepte de recevoir par courrier électronique les documents transmis en cours d'instruction par l'administration à l'adresse suivante :   @
J'ai pris bonne note que, dans un tel cas, la date de notification sera celle de la consultation du courrier électronique ou, au plus tard, celle de l'envoi de ce courrier électronique augmentée de huit jours.

3 - Le terrain

*3.1 - localisation du (ou des) terrain(s)
Les informations et plans (voir liste des pièces à joindre) que vous fournissez doivent permettre à l'administration de localiser précisément le (ou les) terrain(s) concerné(s) par votre projet
- *Le terrain est constitué de l'ensemble des parcelles cadastrales d'un seul tenant appartenant à un même propriétaire*

Adresse du (ou des) terrain(s)
Numéro :   Voie :

Lieu-dit :   Localité :

Code postal : ⌷⌷⌷⌷⌷   BP : ⌷⌷⌷⌷⌷   Cedex : ⌷⌷⌷
Références cadastrales : section et numéro[1] (si votre projet porte sur plusieurs parcelles cadastrales, veuillez indiquer les premières ci-dessous et les suivantes sur une feuille séparée) :

Superficie du (ou des) terrain(s) (en m²) :

3.2 - Situation juridique du terrain *(ces données, qui sont facultatives, peuvent toutefois vous permettre de faire valoir des droits à construire ou de bénéficier d'impositions plus favorables)*
Êtes-vous titulaire d'un certificat d'urbanisme pour ce terrain ?   Oui ❏   Non ❏   Je ne sais pas ❏
Le terrain est-il situé dans un lotissement ?   Oui ❏   Non ❏   Je ne sais pas ❏
Le terrain est-il situé dans une Zone d'Aménagement Concertée (Z.A.C.) ?   Oui ❏   Non ❏   Je ne sais pas ❏
Le terrain fait-il partie d'un remembrement urbain (Association Foncière Urbain) ?   Oui ❏   Non ❏   Je ne sais pas ❏

Si votre terrain est concerné par l'un des cas ci-dessus, veuillez préciser, si vous les connaissez, les dates de décision ou d'autorisation, les numéros et les dénominations :

3.3 - Terrain issu d'une division de propriété
Si votre terrain est issu de la division d'une propriété bâtie effectuée il y a moins de 10 ans, demandez à la mairie si le plan local d'urbanisme comporte une règle limitant vos droits à construire, instituée antérieurement à la date de la division. Si cette règle existe, le vendeur doit vous avoir remis une attestation indiquant la surface des constructions déjà établies sur l'autre partie du terrain.
Indiquez cette surface (en m²) :   et la superficie du terrain avant division (en m²) :
ou joignez à votre demande une copie de l'attestation

4 - À remplir pour une demande concernant un projet d'aménagement
Si votre projet ne comporte pas d'aménagements, reportez-vous directement au cadre 5 (projet de construction)

*4.1 - Nature des travaux, installations ou aménagements envisagés (cochez la ou les cases correspondantes)

Quel que soit le secteur de la commune
❏ Lotissement
❏ Autre division foncière
❏ Terrain de camping
❏ Installation d'une caravane en dehors d'un terrain de camping ou d'un parc résidentiel de loisirs
  ○ Durée annuelle d'installation (en mois) :
❏ Aires de stationnement ouvertes au public, dépôts de véhicules et garages collectifs de caravanes
  ○ Contenance (nombre d'unités) :
❏ Travaux d'affouillements ou d'exhaussements du sol :
  ○ Superficie (en m²) :
  ○ Profondeur (pour les affouillements) :
  ○ Hauteur (pour les exhaussements) :
❏ Coupe et abattage d'arbres
❏ Modification ou suppression d'un élément protégé par un plan local d'urbanisme ou document d'urbanisme en tenant lieu (plan d'occupation des sols, plan de sauvegarde et de mise en valeur, plan d'aménagement de zone)[2]
❏ Modification ou suppression d'un élément protégé par une délibération du conseil municipal
❏ Installation d'une résidence mobile constituant l'habitat permanent des gens du voyage pendant plus de trois mois consécutifs
❏ Aire d'accueil des gens du voyage
❏ Travaux ayant pour effet de modifier l'aménagement des abords d'un bâtiment situé dans un secteur sauvegardé

Dans un secteur sauvegardé, site classé ou réserve naturelle :
  ❏ Installation de mobilier urbain, d'œuvre d'art
  ❏ Modification de voie ou espace publics
  ❏ Plantations effectuées sur les voies ou espaces publics

---
1 En cas de besoin, vous pouvez vous renseigner auprès de la mairie
2 Élément identifié et protégé en application de l'article L.123-1 du code de l'urbanisme. En cas de doute, veuillez vérifier auprès de la mairie

3/7

Courte description de votre projet ou de vos travaux :

*Superficie du (ou des) terrain(s) à aménager (en m²) :

Si les travaux sont réalisés par tranches, veuillez en préciser le nombre :

4.2 - À remplir pour la déclaration d'un lotissement ou autres divisions foncières
*Nombre maximum de lots projetés :
*Surface hors œuvre nette (SHON) maximale envisagée (en m²) :
*Si votre projet de lotissement se situe dans une commune non dotée de plan local d'urbanisme (PLU) ou d'un document en tenant lieu (plan d'occupation des sols, plan de sauvegarde et de mise en valeur, plan d'aménagement de zone), indiquez la surface hors œuvre brute (SHOB) maximale envisagée (en m²) :
*Comment la constructibilité globale sera-t-elle répartie ?
  ❑ Par application du coefficient d'occupation du sol (COS) à chaque lot
  ❑ Conformément aux plans ou tableaux joints à la présente demande
  ❑ La constructibilité sera déterminée à la vente de chaque lot. Dans ce cas, le lotisseur devra fournir un certificat aux constructeurs

4.3 - À remplir pour la déclaration d'un camping, d'un parc résidentiel de loisirs ou d'un terrain mis a disposition de campeurs
*Agrandissement ou réaménagement d'une structure existante ?   Oui ❑   Non ❑
Si oui,
- Veuillez préciser la date et/ou le numéro de l'autorisation :
- Veuillez préciser le nombre d'emplacements :
  • avant agrandissement ou réaménagement :
  • après agrandissement ou réaménagement :
Veuillez préciser le nombre maximum d'emplacements réservés aux :
❑ tentes :   ❑ caravanes :   ❑ résidences mobiles de loisirs :
et précisez le nombre maximal de personnes accueillies :
Implantation d'habitations légères de loisirs (HLL)
Nombre d'emplacements réservés aux HLL :
Surface hors œuvre nette (SHON) prévue, réservée aux HLL :

4.4 - À remplir pour la déclaration de coupe et/ou abattage d'arbres
Courte description du lieu concerné :
❑ bois ou forêt   ❑ parc   ❑ alignement (espaces verts urbains) :

Nature du boisement :
Essences :
Age :   Densité :   Qualité :
Traitement :   Autres :

5 - À remplir pour une demande comprenant un projet de construction

* 5.1 - Nature des travaux envisagés
- ☐ Nouvelle construction
- ☐ Travaux sur construction existante
- ☐ Travaux de ravalement ou ayant pour effet de modifier l'aspect extérieur d'un bâtiment
- ☐ Travaux ayant pour effet de modifier les structures porteuses d'un bâtiment
- ☐ Edification d'une clôture
- ☐ Ouvrage et accessoires de lignes de distribution électrique
  - • Tension (en volts) :

Dans un secteur sauvegardé :
- ☐ Ouvrage d'infrastructure (voie, pont, infrastructure portuaire ou aéroportuaire, ...)
- ☐ Travaux effectués à l'intérieur d'un immeuble

* Courte description de votre projet ou de vos travaux :

5.2 - Informations complémentaires

♦ Type d'annexes : Piscine ☐   Garage ☐   Véranda ☐   Abri de jardin ☐   Autres annexes à l'habitation ☐

• Nombre total de logements créés : |_|_|_|_| dont individuels : |_|_|_|_| dont collectifs : |_|_|_|_|

• Répartition du nombre total de logement créés par type de financement :

Logement Locatif Social |_|_|_|_| Accession Sociale (hors prêt à taux zéro) |_|_|_|_| Prêt à taux zéro |_|_|_|_|

Autres financements :

♦ Mode d'utilisation principale des logements :

Occupation personnelle (particulier) ou en compte propre (personne morale) ☐   Vente ☐   Location ☐

♦ S'il s'agit d'une occupation personnelle, veuillez préciser :   Résidence principale ☐   Résidence secondaire ☐

• Si le projet est un foyer ou une résidence, à quel titre :

Résidence pour personnes âgées ☐   Résidence pour étudiants ☐   Résidence de tourisme ☐

Résidence hôtelière à vocation sociale ☐   Résidence sociale ☐   Résidence pour personnes handicapées ☐

☐ Autres, précisez

♦ Nombre de chambres créées en foyer ou foyer ou dans un hébergement d'un autre type :

♦ Répartition du nombre de logements créés selon le nombre de pièces :

1 pièce |_|_|_| 2 pièces |_|_|_| 3 pièces |_|_|_| 4 pièces |_|_|_| 5 pièces |_|_|_| 6 pièces et plus |_|_|_|

♦ Nombre de niveaux du bâtiment le plus élevé : |_|_|_|

• Indiquez si vos travaux comprennent notamment :

Extension ☐   Surélévation ☐   Création de niveaux supplémentaires ☐

*5.3 - Destination des constructions et tableau des surfaces

surfaces hors œuvre nettes[3] (SHON) en m²

Destinations	SHON existantes avant travaux (A)	SHON construites (B)	SHON créées par transformation de SHOB en SHON[4] (C)	SHON créées par changement de destination[5] (D)	SHON démolies ou transformée en SHOB[4] (E)	SHON supprimées par changement de destination[5] (F)	SHON totales = A+B+C+D-E-F
5.31 - Habitation							
5.32 - Hébergement hôtelier							
5.33 - Bureaux							
5.34 - Commerce							
5.35 - Artisanat[7]							
5.36 - Industrie							
5.37 - Exploitation agricole ou forestière							
5.38 - Entrepôt							
5.39 - Service public ou d'intérêt collectif							
5.310 - SHON Totales (m²)							

♦ **5.4 - Destination des constructions futures en cas de réalisation au bénéfice d'un service public ou d'intérêt collectif :**

Transport ☐   Enseignement et recherche ☐   Action sociale ☐

Ouvrage spécial ☐   Santé ☐   Culture et loisir ☐

•5.5 - Stationnement

Places de stationnement	Avant réalisation du projet	Après réalisation du projet
Nombre de places de stationnement		
Surface hors œuvre brute des aires bâties de stationnement en m²		
Surface de l'emprise au sol des aires non bâties de stationnement en m²		

Places de stationnement affectées au projet, aménagées ou réservées en dehors du terrain sur lequel est situé le projet
Adresse(s) des aires de stationnement :

Nombre de places :
Surface totale affectée au stationnement :   m², dont surface bâtie (SHOB) :   m²

---

[3] Vous pouvez vous aider de la fiche d'aide pour le calcul des surfaces.
La Surface Hors Œuvre Brute (SHOB) d'une construction est égale à la somme des surfaces de plancher de chaque niveau de la construction, calculée à partir du nu extérieur des murs de façade, y compris les combles et les sous-sols non aménageables, les balcons, les loggias, les toitures-terrasses accessibles. La Surface Hors Œuvre Nette (SHON) est obtenue après déduction de la surface des combles et sous-sols non aménageables, des surfaces non closes, des surfaces de stationnement, des surfaces des bâtiments agricoles, des serres de production (Article R.112-2 du Code de l'urbanisme).
[4] Par exemple la transformation d'un garage (qui constitue uniquement de la SHOB) en pièce habitable (qui constitue de la SHON).
[5] Le changement de destination consiste à transformer une surface existante de l'une des neuf destinations mentionnées dans le tableau vers une autre de ces destinations. Par exemple : la transformation de surfaces de bureaux (5.33) en hôtel (5.32) ou la transformation d'une habitation (5.31) en commerce (5.34).
[6] Par exemple la transformation d'une pièce habitable (qui constitue de la SHON) en garage (qui constitue uniquement de la SHOB).
[7] L'activité d'artisan est définie par la loi n° 96 603 du 5 juillet 1996 dans ses articles 19 et suivants, « activités professionnelles indépendantes de production, de transformation, de réparation, ou prestation de service relevant de l'artisanat et figurant sur une liste annexée au décret N° 98-247 du 2 avril 1998 ».

6- À remplir lorsque le projet nécessite des démolitions
Tous les travaux de démolition ne sont pas soumis à permis. Il vous appartient de vous renseigner auprès de la mairie afin de savoir si votre projet de démolition nécessite une autorisation. Vous pouvez, également demander un permis de démolir distinct de la présente déclaration préalable.

Date(s) approximative(s) à laquelle le ou les bâtiments dont la démolition est envisagée ont été construits :

- ❏ Démolition totale
- ❏ Démolition partielle

En cas de démolition partielle, veuillez décrire les travaux qui seront, le cas échéant, effectués sur les constructions restantes :

♦ Nombre de logement démolis : ⎵ ⎵ ⎵

• 7 - Fiscalité de l'urbanisme

7.1 - Tableau des affectations *(Informations complémentaires pouvant vous permettre de bénéficier d'impositions plus favorables)*[8]

	Surfaces hors œuvre nettes (SHON en m²)		
	Surface changeant de destination (création de SHON) (A)	Surface nouvelle hors œuvre nette construite (B)	Totale après travaux = A+B
7.1.1 - Habitation : - Locaux des exploitations agricoles à usage d'habitation des exploitants et du personnel			
- Locaux à usage de résidence principale			
- Locaux à usage de résidence secondaire			
7.1.2 - Locaux à usage des particuliers non utilisables pour l'habitation, ni pour aucune activité économique[9]			
7.1.3 - Locaux des exploitations ou des coopératives agricoles constitutifs de SHON intéressant la production agricole ou une activité annexe à cette production[10]			
7.1.4 - Hôtellerie : - Chambres et dégagements menant aux chambres			
- Autres locaux hôteliers non-affectés à l'hébergement (restaurants, etc..)			
- Habitations légères de loisir			
Locaux des villages de vacances et des campings			
7.1.6 - Constructions affectées à un service public ou d'utilité publique			

7.2 - Foires et salons
Si votre projet consiste dans la réalisation de sites de foire ou de salons professionnels ou de palais des congrès, veuillez indiquer la surface hors œuvre nette (SHON) :
- des locaux d'exposition : _____ m² - des locaux servant à la tenue de réunions : _____ m²
- des autres locaux (restaurants, bureaux,...) : _____ m²

7.3 - Plafond légal de densité (PLD)
Demandez à la mairie si un plafond légal de densité des constructions est institué dans la commune et si les constructions prévues sur votre terrain dépassent ce plafond. Si oui, indiquez ici la valeur du m² de terrain nu et libre : _____ €
Pour bénéficier le cas échéant de droits acquis, précisez si des constructions existant sur votre terrain avant le 1er avril 1976 ont été démolies : Oui ❏ Non ❏ si oui, indiquez ici la Surface Hors Oeuvre Nette (SHON) démolie (en m²) : _____

---

8 En cas d'imprécision, vos locaux seront classés dans la catégorie « autres locaux » soit la 9ème catégorie de l'article 1585 D I du code général des impôts
9 Il s'agit de locaux n'entrant pas dans la catégorie « usage principal d'habitation » (cellier en rez-de-chaussée, appentis, remise, bûcher, atelier familial, abri de jardin, abri et local technique de piscine,...) et de locaux non agricoles, non annexes à l'habitation mais de même nature (accueils d'animaux hors élevage, box à chevaux, remise...)
10 Exemple tel que local de vente des produits de l'exploitation situé dans les bâtiments de l'exploitation

7.4 - Participation pour voirie et réseaux

Si votre projet se situe sur un terrain soumis à la participation pour voirie et réseaux (PVR), indiquez les coordonnées du propriétaire ou celles du bénéficiaire de la promesse de vente, s'il est différent du déclarant

Madame ❏   Monsieur ❏   Personne morale ❏

Nom :   Prénom :

OU raison sociale :

Adresse : Numéro :   Voie :

Lieu-dit :   Localité :

Code postal : ⎵⎵⎵⎵⎵ BP : ⎵⎵⎵ Cedex : ⎵⎵

Si le déclarant habite à l'étranger : Pays :   Division territoriale :

*8 - Engagement du déclarant

J'atteste avoir qualité pour faire la présente déclaration préalable.[11]
Je soussigné(e), auteur de la déclaration préalable, certifie exacts les renseignements fournis.
J'ai pris connaissance des règles générales de construction prévues par le chapitre premier du titre premier du livre premier du code de la construction et de l'habitation et notamment, lorsque la construction y est soumise, les règles d'accessibilité fixées en application de l'article L. 111-7 de ce code.
Je suis informé(e) que les renseignements figurant dans cette déclaration préalable serviront au calcul des impositions prévues par le code de l'urbanisme.

À
Le :   Signature du déclarant

Votre déclaration doit être établie en deux exemplaires et doit être déposée à la mairie du lieu du projet.
Vous devrez produire :
- un exemplaire supplémentaire, si votre projet se situe en périmètre protégé au titre des monuments historiques ;
- un exemplaire supplémentaire, si votre projet se situe dans un site classé, un site inscrit ou une réserve naturelle ;
- deux exemplaires supplémentaires, si votre projet se situe dans un cœur de parc national.

Si vous êtes un particulier : la loi n° 78-17 du 6 janvier 1978 relative à l'informatique, aux fichiers et aux libertés s'applique aux réponses contenues dans ce formulaire pour les personnes physiques. Elle garantit un droit d'accès aux données nominatives les concernant et la possibilité de rectification. Ces droits peuvent être exercés à la mairie. Les données recueillies seront transmises aux services compétents pour l'instruction de votre demande.
Si vous souhaitez vous opposer à ce que les informations nominatives comprises dans ce formulaire soient utilisées à des fins commerciales, cochez la case ci-contre : ❏

---

11 Vous pouvez déposer une déclaration si vous êtes dans un des quatre cas suivants :
- vous êtes propriétaire du terrain ou mandataire du ou des propriétaires ;
- vous avez l'autorisation du ou des propriétaires ;
- vous êtes co-indivisaire du terrain en indivision ou son mandataire ;
- vous avez qualité pour bénéficier de l'expropriation du terrain pour cause d'utilité publique.

L'instruction de la demande

La déclaration de travaux fait-elle l'objet d'une mesure de publicité ?

Dans les huit jours suivant la réception de votre déclaration, le maire procède à son affichage en mairie avec la date à partir de laquelle les travaux pourront, en l'absence d'opposition, être effectués.

La demande est instruite par le même service que celui traitant des permis de construire. Ce service est tenu de vérifier que les travaux envisagés sont conformes à l'ensemble des règles de droit applicables en matière d'urbanisme et de construction. Le délai d'instruction est dans la majorité des cas d'un mois à compter de la réception de la déclaration par le maire (date figurant sur l'accusé de réception ou sur la décharge si vous le déposez à la mairie).

Si diverses consultations sont requises, par exemple auprès du préfet, le délai d'instruction est de deux mois.

La décision

En l'absence d'opposition de l'autorité compétente qui a instruit le dossier dans le délai qui lui était imparti, c'est-à-dire dans le mois ou les deux mois qui suivent le dépôt de la demande, les travaux sont autorisés.

Bien entendu, il est possible que l'autorité administrative décide de répondre expressément à votre demande.

Qu'advient-il si vous débutez les travaux avant de faire la déclaration ?

Si vous commencez vos travaux avant de faire une déclaration préalable, vous restez néanmoins autorisé à régulariser la situation. L'absence d'opposition à une déclaration de travaux peut intervenir après le commencement des travaux qui se trouvent de ce fait régularisés rétroactivement.

Si votre déclaration est accordée par l'administration, vous pouvez commencer vos travaux. Ce n'est cependant pas une obligation et vous pouvez toujours y renoncer. En revanche, les travaux doivent débuter dans un délai de deux ans à compter de l'accord. Si une interruption de travaux reste possible, elle ne doit pas excéder une durée d'un an. Dans le cas contraire, l'accord donné par l'administration n'est plus valable et une nouvelle demande doit être effectuée.

À noter

Les travaux peuvent faire l'objet d'un contrôle de l'administration comme pour le permis de construire. En revanche, aucune publicité n'est requise. De la même façon, il n'existe pas de certificat d'achèvement.

Les travaux peuvent vous être refusés. Ce refus doit impérativement prendre la forme d'une décision expresse et être motivé. Puisque l'acceptation tacite est admise, le refus doit normalement intervenir dans le délai d'un ou deux mois correspondant à l'instruction de la demande, comme cela vient d'être indiqué.

Côté Cour

Tribunal administratif de Lille - 21 décembre 1988
Extension par le juge du délai pour refuser les travaux

Dans cette affaire, l'opposition par le maire est venue après l'expiration du délai de l'instruction. Le tribunal a validé cette pratique. L'opposition tardive peut ainsi revenir sur une décision implicite d'acceptation !

Dans la majorité des cas, les refus sont motivés par le fait que les travaux auraient dû faire l'objet d'une demande de permis de construire ou parce qu'ils sont contraires aux règles d'urbanisme.

En cas d'acceptation, il en est porté mention sur l'exemplaire affiché en mairie. En cas d'opposition, cet exemplaire est retiré.

Qu'advient-il si vous faites vos travaux sans déclaration alors que celle-ci était requise ?

Si vous décidez de faire vos travaux sans déclaration, ce fait est constitutif d'une infraction susceptible d'être sanctionnée, pour les cas les plus graves, par la destruction de l'ouvrage.

Les recours contentieux

Comme pour ce qui concerne le permis de construire, toute décision prise par l'administration est susceptible d'un recours juridictionnel (voir chapitre 3).

Chapitre 5

Réaliser seul sa construction

- Devenir entrepreneur
- Conclure les contrats d'entreprise
- Sous-traiter

Indépendamment de l'acquisition ou non du terrain, certaines personnes souhaitent réaliser elles-mêmes une partie des travaux de construction ou, à tout le moins, en contrôler l'exécution et/ou coordonner les différents entrepreneurs.

Dans le premier cas, vous devenez entrepreneur, ce qui implique diverses obligations et responsabilités.

Dans le second cas, vous serez maître de l'ouvrage. À ce titre, vous allez devoir conclure des contrats de louage d'ouvrage, appelés aussi contrats d'entreprise, avec les entrepreneurs de construction.

Ce chapitre va vous permettre d'appréhender l'ensemble des règles applicables lorsque vous désirez garder une certaine maîtrise de l'opération de construction.

Devenir entrepreneur

Il est rare qu'un propriétaire souhaite lui-même effectuer ses travaux. Si tel est néanmoins votre désir, il convient d'emblée de vous mettre en garde : vous devenez alors entrepreneur et toutes les responsabilités juridiques et techniques vous incombent ! Vous devrez alors déposer le permis de construire, choisir seul vos matériaux, assumer techniquement la réalisation des travaux et obtenir un certificat de conformité (voir chapitre 3). Si vous choisissez d'employer des ouvriers, il faudra avant tout engagement vérifier que vous avez toutes les autorisations préalables...

À noter

La réglementation du travail est très sévère. Il est impératif de se renseigner auprès de l'administration pour obtenir l'autorisation d'être employeur provisoire.

En ce qui concerne la coordination et le suivi des travaux, hormis le cas où vous seriez professionnel, il est prudent de vous faire assister par quelqu'un de compétent. Toutes les étapes de la construction, de l'implantation aux plantations en passant par le terrassement, le dallage du sous-sol, la charpente... font appel à des corps de métiers si différents qu'il est délicat d'en contrôler intégralement la bonne exécution.

Si malgré tout vous souhaitez vous lancer seul, rappelez-vous qu'il existe des attestations, des certificats, des marques et des labels de qualité (*NF, CS Bat...*). Ces marques et labels ne constituent pas une quelconque assurance de qualité. En effet, si certains ont une origine légale, d'autres proviennent simplement d'une norme édictée entre les entrepreneurs... Néanmoins, on peut considérer que ces normes établissent certaines garanties, notamment sur la fiabilité interne des entreprises de construction.

Ainsi, dans le secteur du bâtiment, il existe un système de qualification des entreprises qui atteste des capacités techniques à réaliser des types de travaux. Ce système est géré par *Qualibat*. Pour y être qualifiées, les entreprises doivent justifier de leur existence légale, de la régularité de leur situation sociale et fiscale, de leur chiffre d'affaires, de leur potentiel humain et matériel ainsi que de leurs références de chantier.

En outre, il existe la norme internationale *ISO 9000*. Pour de plus amples informations, vous pouvez vous connecter sur le site Internet www.iso.org.

Signalons enfin l'existence d'une association de protection des consommateurs dénommée *Socotec Qualité* qui a mis en place un système de contrôle des constructeurs.

Conclure les contrats d'entreprise

Si vous choisissez de faire vous-même appel à un entrepreneur, vous allez conclure avec lui un contrat de louage d'ouvrage également dénommé contrat d'entreprise. Pour les travaux de grande importance, il est indispensable de demander à l'entrepreneur des devis préparatoires. Il est même recommandé de mettre les entrepreneurs en concurrence en faisant établir plusieurs devis pour un même projet. Vous serez alors surpris par les différences de prix qui peuvent dépendre du choix des matériaux, du temps de réalisation de la construction, du coût de la main-d'œuvre ou plus simplement de la renommée de l'entreprise !

N'hésitez pas à demander des explications sur les prix indiqués dans le devis.

À noter

Le devis est un document descriptif qui complète les plans. En effet, il n'est pas possible d'indiquer sur un plan tous les renseignements nécessaires à la définition des matériaux de construction ou à celle des équipements. Dans le devis descriptif, vous trouverez tout ce qui est requis par vous ou votre architecte, de la maçonnerie (mortier et béton) jusqu'à la taille de vos robinets.

Lorsque le descriptif mentionne également les quantités de chaque article, le devis est dit quantitatif.

Enfin, s'il précise les prix, il s'agit d'un devis descriptif quantitatif estimatif.

Attention, quel que soit le contrat pour lequel vous allez opter (maison individuelle, contrat préliminaire (voir chapitre 7), etc.), ce devis va servir de document annexe au contrat. Il doit être rédigé sur un papier à en-tête de l'entrepreneur précisant son nom, sa raison sociale (SARL, SA...), son adresse et doit être daté et signé.

Tout ce qui est indiqué dans le devis doit être fourni par l'entrepreneur qui est donc lié par ce document !

Pour les travaux de faible importance, il arrive qu'il n'y ait pas de devis. C'est alors la facture qui tiendra ce rôle. Il vous faut donc être particulièrement vigilant et vérifier que la facture mentionne bien l'ensemble des travaux effectués. En cas de malfaçon, vous pourrez ainsi vous appuyer sur ce document pour mettre en jeu la responsabilité du constructeur (voir chapitre 12).

Extrait d'un exemple de devis descriptif

Modèle

Dossier technique : La villa Icks

Terrassements

Décapage de la terre végétale sur l'emprise de la construction + 1.00 m
Fouille en rigoles pour semelle filante et bêche jusqu'au bon sol
Fouille en excavation pour fosse septique
Tranchée pour épandage

Maçonnerie – Béton armé

Fondations : Béton en propriété dosé à 150 kg de 5 cm d'ép.
Semelles filantes en B.A. sous murs porteurs
Bêches B.A. pour varangue
Murs de soubassements en béton banché jusqu'au niveau – 0.05
Dallages : blocage en tout venant 0/30 de 10 à 15 cm d'ép. + Film polyane
+ Dallage en B.A. d'un treillis soudé de 8 à 10 cm d'ép.
Maçonnerie : Murs porteurs en agglos 20.20.40 (17.5*20*40) enduits 2 faces au mortier de ciment
Cloisons en agglos 10.20.40 enduits 2 faces au mortier de ciment
Béton armé dosé à 350 kg :
Chaînages verticaux, horizontaux et rampants sous couverture.
Linteaux, poutre rampante, corbeaux et appuis de fenêtre.

Charpente – Couverture – Plafonds

Pannes métalliques galvanisées fixées sur chaînages et poutres.
Couverture en tôle type Icks 1000 y compris tous accessoires de pose, faîtière et solin.
Planches de rive en pignon.
Varangue en poteaux bois moisés et poutres assemblées par boulons.
Plafonds : Partie nuit et cuisine horizontale en CP 9 mm sur solives.
Partie jour rampant en CP 18 mm fixé sur pannes.

Menuiseries bois

Extérieures : Châssis porte vitrée 2 vantaux pour séjour et salon. Châssis fenêtre vitrée 2 vantaux pour séjour, salon et chambres. Volets en bois dur à lames verticales pour fenêtres et porte-fenêtre. Porte pleine en bois dur pour cuisine. Châssis à lames orientales type Icks, verre translucide dans WC et bain, verre clair dans cuisine.

Intérieures : Portes isoplanes 73×204 cm sur huisseries scellées dans la maçonnerie y compris quincaillerie.

La rédaction du contrat de louage d'ouvrage n'est soumise à aucun formalisme particulier. Néanmoins, Il existe plusieurs formulaires types tels que la norme AFNOR P 03 001[1]. Dans la très grande majorité des cas, l'entrepreneur va vous proposer son modèle de contrat, à charge pour vous d'y prêter la plus grande attention.

Existe-t-il des protections légales particulières concernant la conclusion d'un contrat d'entreprise avec un entrepreneur ?

Oui. En plus de celles communes à l'ensemble des contrats de droit commun, lorsque le contrat d'entreprise tend à la construction d'un immeuble d'habitation, vous avez le droit de vous rétracter pendant sept jours après que le contrat vous a été notifié par l'entrepreneur.

Est-il possible de conclure un contrat verbal ?

En théorie oui. La formation du contrat d'entreprise est libre. Cependant, et notamment si vous souhaitez prouver votre contrat en cas de litige, il sera plus facile de fournir un acte écrit qui indique l'ensemble des obligations de l'entrepreneur.

Et si vos travaux sont financés par un prêt ?

Dans ce cas, s'appliquent alors les règles protectrices de l'acquéreur (voir chapitre 2). Votre contrat est conclu sous la condition suspensive d'obtention du prêt.

---

1. Informations sur cette norme disponibles sur le site Internet du ministère de l'Équipement (www.equipement.gouv.fr).

Dans la plupart des cas, le prix va être d'ores et déjà mentionné dans le contrat. Une telle prévision vous évitera quelques surprises...

Le choix du marché

Le prix peut être fixé selon deux méthodes : le marché à forfait et le marché au métré.

■ Le marché à forfait

La conclusion d'un marché à forfait nécessite que soient réunis trois éléments :

– une construction ;

– un plan convenu ;

– un forfait pour réaliser cette construction d'après le plan.

⚖ Côté Loi

Article 1793 du Code civil

« Lorsqu'un architecte ou un entrepreneur s'est chargé de la construction à forfait d'un bâtiment, d'après un plan arrêté et convenu avec le propriétaire du sol, il ne peut demander aucune augmentation du prix, ni sous le prétexte d'une augmentation de main-d'œuvre ou des matériaux ni sous celui de changements ou d'augmentations faits sur ce plan, si ces changements ou augmentations n'ont pas été autorisés par écrit et le prix convenu avec le propriétaire. »

Cet article signifie que le prix est global et définitif pour la réalisation de la construction dans le cadre d'un marché à forfait. L'entrepreneur ne pourra donc pas le réévaluer. Ainsi, s'il découvre par exemple que la réalisation de la construction conformément aux stipulations contractuelles nécessite des frais supérieurs au prix convenu avec le propriétaire, ceux-ci seront à sa charge.

Tout ce qui est mentionné dans le contrat doit être réalisé en contrepartie du prix fixé.

Par contre, si le maître de l'ouvrage souhaite faire effectuer à l'entrepreneur des travaux supplémentaires à ceux prévus au contrat, ceux-ci seront payés. Pour ce faire, le propriétaire devra donner un ordre écrit à l'entrepreneur.

Est-il possible de résilier unilatéralement un marché à forfait ?

Oui. Le maître de l'ouvrage peut à tout moment décider de stopper les travaux ou de faire appel à un autre entrepreneur. Si tel est le cas, il devra dédommager l'entrepreneur de toutes ses dépenses et travaux.

Pour éviter ce type de situation, il est fréquent que les entrepreneurs se prémunissent en insérant dans les contrats une clause de dédit qui lie le maître de l'ouvrage. Si vous ne souhaitez pas être lié par une telle clause, il vous faudra négocier sa suppression.

Cette disposition protectrice est réservée au seul maître de l'ouvrage. L'entrepreneur demeure quant à lui soumis au droit des contrats.

■ Le marché au métré

Le marché au métré, appelé aussi « à la dépense contrôlée », signifie que vous ne réglez que ce qui est réellement effectué.

Le choix des matériaux

C'est à l'entrepreneur qu'incombe l'obligation de choisir les matériaux. Il sera responsable de leur qualité et de leurs installations et ce, quand bien même il les ferait mettre en place par un tiers.

À ce titre, il est intéressant de remarquer que l'entrepreneur a une obligation de conseil à votre égard. Il doit non seulement vous indiquer les risques du sol (par exemple en cas de sol argileux), y compris ceux liés à l'implantation de la construction, mais également les caractéristiques et inconvénients des matériaux choisis.

Côté Cour

Cour de cassation - 15 décembre 1993
Le devoir de conseil de l'entrepreneur

Selon la Cour de cassation, l'entrepreneur a un devoir de conseil à l'égard du maître de l'ouvrage. D'après les juges, ce devoir s'étend aux risques présentés par la réalisation de l'ouvrage envisagé eu égard en particulier à la qualité des existants sur lesquels il intervient et qui doivent éventuellement l'amener à refuser des travaux dépassant ses capacités.

Le choix de l'ouvrage

Dans ce domaine, c'est le maître de l'ouvrage qui prime. C'est en effet lui qui a la charge de décrire la construction souhaitée. L'entrepreneur doit s'exécuter : il est légalement tenu de réaliser la prestation pour laquelle il s'est contractuellement engagé. En contrepartie, le maître d'ouvrage devra le payer conformément à la rémunération prévue dans le contrat.

Dans le cas contraire, la responsabilité de l'entrepreneur peut être engagée. En effet, il est assimilé à un constructeur et redevable en cette qualité de diverses garanties (voir chapitre 12). Si vous avez eu recours à un architecte, c'est lui qui va s'assurer du bon travail de l'entrepreneur (voir chapitre 9).

Souvent, le paiement est échelonné. Pour vous faire part de l'état d'avancement des travaux, l'entrepreneur va vous rendre des comptes. Il va alors vous adresser un état de situation ou des décomptes. À compter de la réception de ce document, vous devez payer l'entrepreneur suivant l'échéancier prévu au contrat. À la fin de l'ouvrage, un décompte final vous sera remis.

Le respect du délai

Lorsque le maître de l'ouvrage et l'entrepreneur fixent un délai à la réalisation du contrat, ce dernier doit le respecter. Dans le cas contraire, sa responsabilité peut être engagée. La sanction peut aller de la simple allocation de dommages et intérêts à la résiliation du contrat.

En cas de retard de l'entrepreneur, pouvez-vous demander une réduction du prix ?

Cette possibilité a été expressément refusée par les juges. Cependant, comme la sanction encourue en cas de dépassement des délais consiste en l'allocation de dommages et intérêts, l'effet pourra être équivalent pour le propriétaire. Seul le fondement juridique diffère.

Le juge peut-il astreindre l'entrepreneur à finir les travaux ?

Oui. Mais, en tant que maître de l'ouvrage, vous pouvez également procéder à cette astreinte en insérant dans le contrat une clause stipulant le montant en euros des indemnités par jour de dépassement de délai. Il s'agit alors de pénalités de retard et la clause s'appelle une clause pénale.

Qu'est-ce que la retenue de garantie ?

La retenue de garantie est une technique qui permet de veiller au bon accomplissement des travaux. Il peut être tout à fait intéressant pour le maître de l'ouvrage d'y avoir recours. Elle consiste à amputer chaque versement d'un montant maximum de 5 % calculé sur la valeur définitive des marchés. Elle peut être également retenue en cas d'abandon de chantier, etc. Son but est d'enjoindre l'entrepreneur de se conformer en tous points aux dispositions du contrat.

Sous-traiter

Si vous êtes entrepreneur, c'est-à-dire à la tête d'une entreprise, vous pouvez choisir de charger une autre entreprise du soin de réaliser certaines des prestations qui vous ont pourtant été confiées. Il s'agit alors de sous-traitance.

```
        contrat principal           contrat de sous-traitance      contrat de sous-traitance
X ─────────────────────▶ Y ─────────────────────▶ S1 ─────────────────────▶ S2
     contrat d'entreprise        contrat d'entreprise distinct   contrat d'entreprise distinct
```

(X : Maître de l'ouvrage ; Y : Entrepreneur principal ; S1 : Sous-traitant 1 ; S2 : Sous-traitant 2)

Si vous êtes propriétaire, le choix des sous-traitants ne vous appartiendra pas. Ce sera à l'architecte, à l'entrepreneur, au promoteur, au constructeur de maison individuelle ou au vendeur de l'immeuble à construire de faire ce choix à votre place. Dans tous les cas, il est conseillé de connaître le lien juridique entre l'entrepreneur et son sous-traitant. De ce lien découlent les règles juridiques applicables en la matière.

⚖ Côté Loi

Article 1er de la loi du 31 décembre 1975

« La sous-traitance est l'opération par laquelle un entrepreneur confie par un sous-traité et sous sa responsabilité à une autre personne appelée sous-traitant, tout ou partie de l'exécution du contrat d'entreprise ou du marché public conclu avec le maître de l'ouvrage. »

Cette définition ne saurait être plus large. Dès lors que la personne effectue un travail spécifique déterminé par l'entrepreneur en vue de la réalisation d'un chantier, il est sous-traitant. Il n'est donc pas nécessaire que la personne travaille directement sur le chantier.

Attention : Si un sous-traitant s'adresse à vous pour obtenir paiement de son travail, il faut immédiatement vous retourner vers l'entrepreneur qui a l'obligation légale de lui régler cette somme.

Si l'entrepreneur ne paie pas dans le délai d'un mois qui suit la lettre qui lui a été envoyée sous la forme recommandée avec accusé de réception lui rappelant les sommes à payer (mise en demeure), le sous-traitant dispose d'une action directe contre le maître de l'ouvrage (qui peut donc être vous !)

Normalement, le maître de l'ouvrage est informé des délais dans la mesure où cette lettre doit lui être adressée en copie.

Le sous-traitant peut demander au maître de l'ouvrage le paiement des prestations prévues par le contrat de sous-traitance et dont le maître de l'ouvrage est effectivement bénéficiaire.

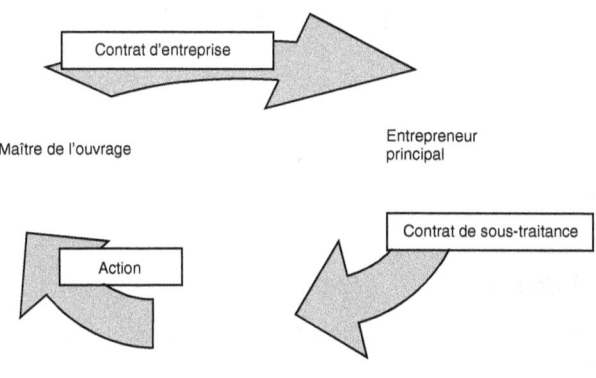

Le sous-traitant doit être accepté et agréé par le maître de l'ouvrage (c'est-à-dire vous dans la plupart des cas) préalablement à toute signature du contrat. En effet, l'entrepreneur est juridiquement tenu de vous présenter le sous-traitant et vous n'êtes jamais contraint de l'accepter.

Dès lors que l'entrepreneur ne présente pas ses sous-traitants au maître de l'ouvrage, il est capital que celui-ci demande par lettre recommandée avec accusé de réception à l'entrepreneur de les soumettre à la procédure d'agrément.

Cette acceptation doit être sans équivoque puisque la loi prévoit même la nécessité d'un agrément. Il faut donc accepter clairement le sous-traitant. Dans le cas contraire, vous pourrez opposer à l'entrepreneur cette absence d'agrément. En principe, en cas de refus du maître de l'ouvrage, l'entrepreneur ne peut pas continuer à faire travailler son sous-traitant. De plus, vous pouvez, si vous le demandez, obtenir copie des contrats de sous-traitance.

– **l'acceptation** du sous-traitant permet au maître de l'ouvrage de s'assurer que le sous-traitant choisi présente bien les qualités de sérieux et de compétence pour mener à bien la mission que l'entreprise principale entend lui confier ;

– **l'agrément des conditions de paiement** du sous-traitant permet au maître de l'ouvrage de vérifier que le sous-traitant sera payé de telle manière qu'il pourra mener à bien sa mission et fournir un travail qui satisfera aux exigences fixées par le contrat principal.

Côté Loi

Article 3 de la loi du 31 décembre 1975

« L'entrepreneur qui entend exécuter un contrat ou un marché en recourant à un ou plusieurs sous-traitants doit, au moment de la conclusion et pendant la durée du contrat ou du marché, faire accepter chaque sous-traitant par le maître de l'ouvrage ; l'entrepreneur principal est tenu de communiquer le ou les contrats de sous-traitance au maître de l'ouvrage lorsque celui-ci en fait la demande. »

Dans les contrats de construction de maison individuelle (voir chapitre 6), le constructeur est légalement tenu de conclure par écrit et avant tout commencement des travaux, les contrats de sous-traitance. Ces contrats doivent mentionner :

- la désignation de la construction, les nom et adresse du maître de l'ouvrage et de l'établissement qui apporte la garantie ;
- la description des travaux conforme au contrat de construction de maison individuelle ;
- le prix convenu et ses modalités de révision ;
- le délai d'exécution des travaux et le montant des pénalités de retard ;
- les modalités de règlement du prix.

En cas de malfaçon ou de non-conformité à l'ouvrage du travail effectué par le sous-traitant, il est important de noter que ce dernier échappe aux systèmes de responsabilité des constructeurs (voir chapitre 12). En effet, le sous-traitant n'est pas un constructeur. En revanche, sa responsabilité peut être engagée par l'entrepreneur si les travaux ne sont pas conformes à ce qui est prévu dans le contrat de sous-traitance. Cette action en responsabilité contractuelle peut être exercée par l'entrepreneur pendant un délai de trente ans.

La difficulté est que le maître de l'ouvrage n'a pas directement conclu de contrat avec le sous-traitant. Pourra-t-il alors engager sa responsabilité ? Et si oui, sur quels fondements ? C'est à ces questions qu'a répondu la Cour de cassation dans un arrêt du 12 juillet 1991.

Côté Cour

Cour de cassation - 12 juillet 1991
Le maître de l'ouvrage ne dispose pas de liens contractuels avec le sous-traitant.

Depuis cette célèbre affaire, il est admis par les juges que le sous-traitant n'est pas contractuellement lié au maître de l'ouvrage. Par conséquent, un maître de l'ouvrage ne pourra pas se prévaloir d'une inexécution par le sous-traitant en se fondant sur le contrat. En effet, ce contrat ne lie que l'entrepreneur et le sous-traitant.

Pour les juges, il n'y a aucun lien de droit entre le sous-traitant et le maître de l'ouvrage dans la mesure où ils n'ont pas contracté ensemble. Si vous n'êtes pas entrepreneur, vous ne pourrez donc agir contre le sous-traitant que sur le terrain de la responsabilité délictuelle, ce qui vous impose de prouver sa faute.

Le maître de l'ouvrage pourra alors invoquer l'inexécution du contrat liant le sous-traitant à l'entrepreneur principal (voir schéma page 94). Cette inexécution est considérée comme une faute de nature délictuelle se prescrivant par dix ans.

En outre, il ne faut pas oublier que l'entrepreneur est responsable vis-à-vis du maître de l'ouvrage des dommages résultant du mauvais travail de son sous-traitant.

Chapitre 6

Faire construire sur son propre terrain

- Le contrat de construction de maison individuelle avec fourniture de plan
- Quelles sont les obligations du constructeur ?
- Quelles sont les obligations du maître de l'ouvrage ?
- Le contrat de construction de maison individuelle sans fourniture de plan

Ce chapitre vous intéressera tout particulièrement si vous êtes propriétaire d'un terrain sur lequel vous souhaitez réaliser la construction de votre maison. À cette fin, vous allez faire appel à un constructeur professionnel qui va s'engager à édifier l'ouvrage en sous-traitant la réalisation des travaux. Il va ainsi assumer l'entière responsabilité de la construction.

Le contrat conclu avec ce constructeur est un contrat de construction de maison individuelle. Le régime juridique y afférent découle de la loi du 19 décembre 1990 qui se veut très protectrice du maître de l'ouvrage, donc de vous !

Il existe deux types de contrats de construction de maison individuelle suivant que l'entrepreneur vous propose ou non un plan :
- *le contrat de construction de maison individuelle avec fourniture de plan ;*
- *le contrat de construction de maison individuelle sans fourniture de plan.*

Le contrat de construction de maison individuelle avec fourniture de plan

Dès lors que l'entrepreneur vous propose directement ou indirectement un plan, le régime juridique est celui du contrat de construction de maison individuelle avec fourniture de plan.

Côté Loi

Article L. 231-1 du Code de la construction et de l'habitation

« *Toute personne qui se charge de la construction d'un immeuble à usage d'habitation ou d'un immeuble à usage professionnel et d'habitation ne comportant pas plus de deux logements destinés au même maître de l'ouvrage d'après un plan qu'elle a proposé ou fait proposer doit conclure avec le maître de l'ouvrage un contrat de construction de maison individuelle avec fourniture de plan.*

Cette obligation est également imposée :
- *à toute personne qui se charge de la construction d'un tel immeuble à partir d'un plan fourni par un tiers à la suite de démarchage à domicile ou d'une publicité pour le compte de cette personne ;*
- *à toute personne qui réalise une partie des travaux de construction d'un immeuble dès lors que le plan de celui-ci a été fourni par cette personne ou, pour son compte, au moyen des procédés visés à l'alinéa précédent.* »

Quand conclure un contrat de construction de maison individuelle ?

La conclusion d'un contrat de construction de maison individuelle avec fourniture de plan est soumise à plusieurs conditions cumulatives :

- la première condition est d'être propriétaire du terrain. Si vous achetez le terrain et la construction, vous ne devez pas conclure un contrat de construction de maison individuelle mais un contrat de vente d'immeuble à construire (voir chapitre 7) ;
- la deuxième condition est de charger une personne (l'entrepreneur) de réaliser la construction. L'essentiel de l'opération doit être mené par le constructeur qui en assume l'entière responsabilité. À charge pour lui de sous-traiter les travaux à d'autres entrepreneurs (voir chapitre 5) ;

> **Attention :** Il convient d'être particulièrement vigilant sur ce point. Certains constructeurs peu scrupuleux vont tout tenter pour éviter de conclure un contrat de construction de maison individuelle, très contraignant pour eux. Dans la grande majorité des cas, ces constructeurs vont, sans se charger directement de l'opération, vous mettre en rapport avec divers entrepreneurs. Soyez attentif ! Dans le pire des cas, vous pouvez demander la requalification du contrat devant le juge.

- la troisième condition est relative au type de construction. L'ouvrage doit être un immeuble d'habitation ou à usage professionnel et d'habitation. Vous ne pouvez donc pas conclure de contrat de construction de maison individuelle pour la seule réalisation de bureaux ;
- la quatrième condition est que la construction ne doit pas comporter plus de deux logements pour le maître de l'ouvrage ;
- la cinquième condition concerne le plan. Ce dernier est important puisqu'il permet de distinguer les deux catégories de contrat de construction de maison individuelle. L'absence de fourniture de plan signifie que vous allez donner vos directives au constructeur sur votre maison. Si vous optez pour un plan, vous adhérez au modèle qu'il propose. La proposition du plan peut être directe ou indirecte suivant que le constructeur vous a lui-même proposé un

plan ou que vous l'avez choisi à la suite d'un démarchage à domicile ou d'une publicité faite pour le compte du constructeur (par exemple sur catalogue).

Comment doit être formé le contrat de construction de maison individuelle ?

Contrairement au contrat de vente d'immeuble à construire, le contrat de construction de maison individuelle ne fait pas suite à un contrat préliminaire.

Il doit impérativement être rédigé par écrit et ce, préalablement au début des travaux.

Quelle est la sanction si le constructeur débute les travaux avant la signature du contrat ?

Constitue une infraction pénale sanctionnée par des peines correctionnelles le fait pour un entrepreneur de débuter l'exécution de travaux sans avoir conclu un contrat écrit ou sans avoir obtenu la garantie de livraison.

Que se passe-t-il s'il n'y a pas de contrat écrit ?

En l'absence d'écrit, le contrat n'a pas d'existence juridique. Cette situation est très grave pour le constructeur qui est tenu de conclure ce contrat avec vous.

Le constructeur peut-il exiger des versements d'argent avant la signature du contrat ?

Non ! La loi interdit tout versement ou dépôt avant la signature du contrat.

Quelle forme doit revêtir le contrat ?

Le contrat prend la forme d'un acte sous seing privé (c'est-à-dire un contrat conclu entre l'acquéreur et le constructeur). La forme authentique (devant notaire) n'est pas exigée. Cependant, ces actes doivent être faits en deux exemplaires originaux dont un sera envoyé sous la forme recommandée avec accusé de réception au maître de l'ouvrage (vous).

En outre, le contrat doit obligatoirement mentionner :
- la désignation du terrain destiné à l'implantation de la construction et la mention du titre de propriété du maître de l'ouvrage ou des droits réels (droits que détient une personne sur une chose) lui permettant de construire ;
- l'affirmation de la conformité du projet aux règles de construction prescrites dans le Code de construction et de l'habitation ainsi que dans le Code de l'urbanisme ;
- la consistance et les caractéristiques techniques du bâtiment à construire comportant tous les travaux d'adaptation du sol, les raccordements aux réseaux divers et tous les travaux d'équipement intérieur ou extérieur indispensables à l'implantation et à l'utilisation de l'immeuble ;
- le coût du bâtiment à construire en précisant :
  - le prix convenu qui est forfaitaire et définitif y compris le coût de la garantie de livraison ;
  - le coût des travaux dont vous vous réservez l'exécution ;
  - les modalités de règlement en fonction de l'avancement des travaux.
- l'indication que le maître de l'ouvrage pourra se faire assister par un professionnel (par exemple un architecte) ;
- l'indication de l'obtention du permis de construire et des autres autorisations administratives dont une copie doit être annexée au contrat ;
- l'indication des modalités de financement, la nature et le montant des prêts obtenus et acceptés par le maître de l'ouvrage ;
- la date d'ouverture du chantier, le délai d'exécution des travaux et les pénalités prévues en cas de retard de livraison ;
- la référence à l'assurance de dommages souscrite par le maître de l'ouvrage ;
- les justifications des garanties de remboursement et de livraison apportées par le constructeur.

Afin de mieux protéger l'acquéreur, plusieurs clauses sont réputées non écrites, c'est-à-dire que si elles figurent dans votre contrat, elles sont inapplicables. Lors d'un litige, le juge fait comme si elles n'existaient pas. C'est le cas des clauses qui :

– obligent le maître de l'ouvrage à donner mandat au constructeur pour rechercher le ou les prêts nécessaires au financement de la construction sans que ce mandat soit exprès et comporte toutes les précisions utiles sur les conditions de ce ou ces prêts ;

– subordonnent le remboursement du dépôt de garantie à l'obligation, pour le maître de l'ouvrage, de justifier du refus de plusieurs demandes de prêt ;

– admettent comme valant autorisation administrative un permis de construire assorti de prescriptions techniques ou architecturales telles qu'elles entraînent une modification substantielle du projet ayant donné lieu à la conclusion du contrat initial ;

– déchargent le constructeur de son obligation d'exécuter les travaux dans les délais prévus par le contrat en prévoyant notamment des causes légitimes de retard autres que les intempéries, les cas de force majeure et les cas fortuits ;

– subordonnent la remise des clefs au paiement intégral du prix et font ainsi obstacle au droit du maître de l'ouvrage de consigner les sommes restant dues lorsque des réserves sont faites à la réception des travaux ;

– interdisent au maître de l'ouvrage la possibilité de visiter le chantier préalablement à chaque échéance des paiements et à la réception des travaux.

Enfin, certaines clauses élaborées lors de la formation du contrat peuvent être soumises à des conditions suspensives, ce qui signifie que si ces conditions suspensives ne se réalisent pas, le contrat n'est pas formé. Tel est notamment le cas des conditions portant sur :

– l'acquisition du terrain permettant de construire si le maître de l'ouvrage bénéficie d'une promesse de vente ;

– l'obtention du permis de construire et des autres autorisations administratives, le maître de l'ouvrage étant alors tenu de préciser la date limite de dépôt de la demande ;

– l'obtention des prêts demandés pour le financement de la construction (voir chapitre 2) ;

– l'obtention de l'assurance de dommages (voir chapitre 11) ;

– l'obtention de la garantie de livraison.

Quelles sont les obligations du constructeur ?

La première des obligations du constructeur est de construire l'ouvrage promis au contrat. Cet ouvrage doit être en tous points conforme aux prescriptions contractuelles et surtout au plan. Le constructeur a donc une obligation de résultat.

Que se passe-t-il si des travaux supplémentaires que le constructeur ne pouvait prévoir sont nécessaires à la réalisation de l'immeuble ?

Les juges considèrent que ces travaux sont à la charge du constructeur. À titre d'exemple, il a été jugé qu'était à la charge du constructeur le surcoût occasionné par la présence de remblais profonds imposant des fondations spéciales non prévues au contrat.

Pouvez-vous changer d'avis sur les travaux dont vous aviez souhaité assumer la charge ?

Comme il a d'ores et déjà été mentionné, vous pouvez par contrat prévoir de réaliser vous-même une partie des travaux. La question est alors de savoir si vous avez le droit de changer d'avis et si le constructeur va être contraint de prendre en charge ces travaux. La réponse est positive. En effet, dans les quatre mois qui suivent la conclusion du contrat, vous pouvez demander au constructeur d'exécuter ou de faire exécuter les travaux dans les conditions et les prix fixés au contrat.

Cette demande doit être faite par lettre envoyée sous la forme recommandée avec accusé de réception. Le constructeur doit également vous garantir la livraison de la construction. Il s'agit d'une véritable garantie qui doit figurer dans le contrat. À ce titre, le constructeur doit non seulement exécuter le contrat mais également le faire dans les délais. Les inexécutions et mauvaises exécutions sont ainsi couvertes par le constructeur quels que soient les dépassements du prix.

**Lettre de mise en demeure
du constructeur de livrer l'immeuble**

Modèle

> SARL EDIFICATOR
> *Monsieur Icks
> Gérant
> 10, bd des Capucines
> 75001 Paris*
>
> Paris, le …

Lettre recommandée avec accusé de réception

Objet : Villa *Le doux repos.*

Monsieur,

Le (date), nous avons conclu un contrat de construction de maison individuelle avec la société que vous gérez.

Cette maison est située (adresse).

Selon l'article … de ce contrat, les fondations de la construction précitée devaient être achevées le (date).

Contre toute attente, à ce jour, soit plus de … mois après l'expiration de ce délai, seule la mise hors d'eau est terminée.

Votre attitude contrevient ainsi gravement à vos obligations tant contractuelles que légales et appelle une sanction immédiate.

Par la présente, nous vous mettons en demeure de nous faire part des mesures que vous entendez prendre pour réparer le sérieux préjudice que nous avons d'ores et déjà subi.

Vous devez de ce fait considérer cette lettre comme une mise en demeure de nature à faire courir tous délais, intérêts et autres conséquences que la loi et les tribunaux y attachent.

Nous vous prions, Monsieur, de croire en l'expression de nos salutations distinguées.

Nom des propriétaires

(Signature)

> **A noter**
>
> Pour faire jouer la garantie, vous devez mettre en demeure le constructeur pour l'obliger à exécuter son ouvrage selon les stipulations du contrat. Il doit alors s'exécuter dans un délai de 15 jours. Cette mise en demeure prend la forme d'une lettre recommandée avec accusé de réception indiquant les défaillances constatées et la nécessité immédiate de les pallier conformément aux obligations légales du constructeur.

Quelles sont les obligations du maître de l'ouvrage ?

Le maître de l'ouvrage doit payer le prix mentionné dans le contrat de manière forfaitaire et définitive. Ce prix intègre l'ensemble de ce qui est accompli par le constructeur.

Cependant, cela ne signifie pas que le prix englobe toute la construction, c'est pourquoi il convient d'être particulièrement vigilant quant à la rédaction du contrat, qui énonce tous les travaux effectués, avec quels matériaux, etc.

Le paiement ne peut intervenir qu'à la date du début du chantier. Cependant, certaines sommes peuvent être réclamées dès la signature du contrat. Il s'agit alors d'un dépôt de garantie. Ce dépôt est indisponible pour le constructeur, il vient simplement s'imputer sur l'échéancier qui est prévu au contrat. Il est généralement de 3 % à la date de signature du contrat.

Le constructeur peut également prévoir une garantie de remboursement (voir chapitre 7).

L'échéancier de paiement du prix est le suivant :
– 15 % à l'ouverture du chantier, ce pourcentage incluant les éventuels versements anticipés ;
– 25 % à l'achèvement des fondations ;
– 40 % à l'achèvement des murs ;
– 60 % à la mise hors d'eau ;
– 75 % à l'achèvement des cloisons et à la mise hors d'air ;
– 95 % à l'achèvement des travaux d'équipement, de plomberie et de chauffage ;

– 100 % à la réception de l'ouvrage s'il n'y a pas de réserves et si le maître de l'ouvrage est assisté d'un professionnel. Si cette dernière condition n'est pas remplie, le délai, toujours en l'absence de réserves, est de huit jours après la remise des clefs. Si des réserves sont faites, le solde ne sera payé qu'à leur levée.

Qu'est-ce qu'une réserve ?

Lorsque l'ouvrage est achevé, vous allez procéder à ce qu'on appelle la réception. Si vous constatez un défaut lors de cette réception, vous le signalerez sur le document. Il s'agit d'une réserve. Le constructeur est tenu par vos réserves et doit achever l'ouvrage jusqu'à la levée des réserves.

À noter

Si vous ne respectez pas l'échéancier des paiements, le contrat peut prévoir une pénalité pour retard de paiement qui ne peut excéder 1 % par mois, calculée sur les sommes non réglées.

Le contrat de construction de maison individuelle sans fourniture de plan

En l'absence de fourniture de plan, le régime juridique est allégé.

Cependant, et comme pour le contrat de construction de maison individuelle avec fourniture de plan, il est nécessaire que :
– l'acquéreur soit propriétaire du terrain ;
– qu'il confie la réalisation de sa construction à un seul entrepreneur, à charge pour celui-ci de sous-traiter ;
– que la construction soit un immeuble à usage d'habitation ou à usage professionnel et d'habitation, ne comportant pas plus de deux logements destinés au même maître d'ouvrage.

Procès verbal de réception de l'ouvrage

Modèle

SOCIETE EDIFICATOR
Acquéreur : M. Ygreck
Adresse : ...
Téléphone : ...
Apt n° ...
Box/EV n° ...
Cave/cellier

	Murs	Sols	Plafonds	Fenêtres/Volets	Menuiseries Intérieures	Électricité	Plomberie	Serrurerie
Entrée	RAS	RAS	RAS	RAS	RAS	Vérifier le bouton de la sonnette	RAS	RAS
Séjour	RAS	RAS	RAS	RAS	RAS	Vérifier le bouton du convecteur	RAS	RAS
Cuisine	RAS	Manque la butée de porte	RAS	Manque la manivelle pour le volet roulant	RAS	RAS	RAS	RAS
Chambre 1	RAS	Manque la butée de porte	RAS	RAS	Manque la clé de chambre	RAS	RAS	RAS
Chambre 2	Manque miroir	RAS	RAS	RAS	Manque la clé de chambre	RAS	RAS	RAS
Salle de bains	Manque la réglette de porte	RAS	RAS	RAS	RAS	Vérifier le convecteur	RAS	RAS
Cellier Cave	RAS	RAS	RAS	RAS	RAS	RAS	RAS	RAS
Parking	RAS	RAS	RAS	RAS	RAS	RAS	RAS	RAS

RAS = rien à signaler
Remis ce jour : 3 clés de la maison + 2 clés de la boîte aux lettres

Signature Société :   Signature Client :

Le contrat de construction de maison individuelle sans fourniture de plan semble donc *a priori* difficile à distinguer du contrat d'entreprise (voir chapitre 5). C'est pourquoi, en plus des exigences précitées, ce contrat doit avoir pour objet l'exécution de gros œuvre, de mise hors d'eau et de mise hors d'air. Il faut donc que le contrat régisse la plus grosse partie de la construction.

Que doit contenir le contrat ?

Comme lorsqu'il y a fourniture de plan, le contrat doit être rédigé par écrit avant le début des travaux. Il doit en outre contenir plusieurs stipulations concernant :

- la désignation du terrain : adresse, surface et désignation cadastrale ;
- la consistance et les caractéristiques techniques de l'ouvrage à réaliser ;
- le prix convenu, forfaitaire et définitif ;
- le délai d'exécution des travaux et les pénalités applicables en cas de retard de livraison ;
- la référence de l'assurance de dommages souscrite par le maître de l'ouvrage ;
- l'indication que le maître de l'ouvrage pourra se faire assister par un professionnel ;
- l'engagement de l'entrepreneur à fournir, au plus tard à la date d'ouverture du chantier, la justification de la garantie de livraison qu'il apporte au maître de l'ouvrage, l'attestation de cette garantie étant établie par le garant et annexée au contrat.

S'agissant du contrat de construction de maison individuelle sans fourniture de plan, aucune disposition légale ne régit les clauses réputées non écrites ou celles assorties d'une condition suspensive.

Comment le contrat est-il exécuté ?

Comme pour le contrat avec fourniture de plan, le constructeur est tenu de respecter l'échéancier des paiements et les versements anticipés sont interdits. Le régime de la garantie de livraison est le même. À défaut, la sanction est également pénale.

Quelques conseils

– *Contactez plusieurs professionnels et comparez les prix, la publicité sur un catalogue est insuffisante.*
– *Avant toute signature de contrat, emmenez le constructeur là où vous envisagez de faire construire. Il pourra ainsi vérifier si le projet est adapté au terrain et si les fondations sont importantes, entraînant ainsi un surcoût.*
– *Vous avez un délai de rétractation de sept jours ! Une fois le contrat signé, le constructeur doit vous l'adresser par courrier sous la forme recommandée avec accusé de réception. À compter de la date qui figure sur le recommandé, vous pouvez pendant sept jours revenir sur votre engagement.*
– *Vous pouvez vous faire assister par un professionnel à la réception de l'immeuble. Ce n'est pas une obligation. Cependant, cette personne qualifiée pourra sans doute vous aider à formuler des réserves si besoin est.*
– *Le coût de la maison est un prix global toutes taxes comprises. Ce prix ne peut subir aucune modification sauf si le contrat prévoit une révision. Dans ce cas, la révision du prix doit être fondée sur l'indice BT 01, qui est l'indice national du bâtiment, publié chaque mois au Journal officiel.*
– *Toutes les sommes versées avant l'ouverture du chantier doivent vous être remboursées si le contrat est rompu à la suite de la non réalisation d'une condition suspensive.*
– *Il ne faut jamais signer des bons pour paiement en blanc.*
– *Il peut arriver que vous ou le constructeur souhaitiez procéder à une modification du contrat. Sachez qu'une telle demande peut toujours être refusée. Le contrat est en effet un engagement réciproque, vous avez votre mot à dire !*
– *Il existe un label « Maisons de qualité », qui est censé vous garantir le sérieux de l'entrepreneur choisi. Vous pouvez ainsi connaître les constructeurs qui en bénéficient. Vous pouvez également vous référer à la marque « NF Maison Individuelle », certification officielle de produit et de service portant exclusivement sur les maisons conformes au droit positif. Cependant, et encore une fois, ces normes ne vous assurent pas de façon certaine la qualité de la construction.*

Chapitre 7

Faire construire sans être propriétaire du terrain

- Pour une bonne compréhension
- Les deux catégories de vente d'immeuble à construire
- Le contrat préliminaire à la vente d'immeuble à construire
- L'établissement du contrat définitif
- La livraison de l'immeuble
- Les garanties de bonne fin
- Le paiement du prix par l'acquéreur

Lorsque la vente est double, c'est-à-dire qu'elle porte tant sur le terrain que sur l'ouvrage à construire, vous entrez *a priori* dans le champ d'application du contrat de vente d'immeuble à construire.

Le constructeur devient le vendeur et s'engage à édifier un immeuble dans un délai et sur un terrain déterminés. Si votre construction est à usage d'habitation ou à usage professionnel et d'habitation, vous vous situez dans le secteur protégé. La conclusion du contrat de vente d'immeuble à construire est alors obligatoire. Dans cette hypothèse, vous bénéficiez du système protecteur de l'acquéreur mis en place notamment par la loi du 3 janvier 1967.

Pour une bonne compréhension

Les trois conditions déterminantes de la conclusion du contrat de vente d'immeuble à construire

La conclusion d'un contrat de vente d'immeuble à construire (VIC) est soumise à la réunion de trois conditions cumulatives : la vente, l'édification et le délai.

Côté Loi

Article L. 261-1 du Code de la construction et de l'habitation

« Ainsi qu'il est dit à l'article L. 601-1 du Code civil : la vente d'immeuble à construire est celle par laquelle le vendeur s'oblige à édifier un immeuble dans un délai déterminé par le contrat.

Elle peut être conclue à terme ou en l'état futur d'achèvement. »

Première condition : un immeuble à usage d'habitation ou à usage professionnel et d'habitation

Le but de ce contrat est de protéger le consommateur qui souhaite acquérir un terrain et une construction. Dans la majorité des cas, il s'agira d'une personne souhaitant se loger.

> **À noter**
>
> Le secteur protégé correspond aux immeubles à usage d'habitation ou à usage professionnel et d'habitation. C'est une notion aux limites très souples. À titre d'exemple, le pompiste qui a un logement à côté de la station-service peut prétendre à bénéficier de la protection extensive du secteur protégé. En outre, un immeuble collectif est considéré comme étant à usage d'habitation ou d'habitation et professionnel lorsque 10 % seulement de sa superficie sont affectés à de tels usages.

Deuxième condition : un transfert de propriété

Le contrat doit transférer une double propriété : celle du sol et celle de la construction. Le constructeur doit impérativement vous fournir directement ou indirectement le terrain et la construction y afférente (voir ci-après). Si la procuration directe (contrat de vente sur le terrain) ne pose pas de difficulté, il n'en est pas de même pour la procuration indirecte, plus délicate à identifier.

Pourquoi le législateur a-t-il souhaité englober la procuration indirecte du terrain par le vendeur ?

Cette insertion est justifiée par la facilité pratique de contourner les règles de la vente d'immeuble à construire en distinguant artificiellement la vente ou la fourniture du terrain de la construction de l'immeuble en passant un premier contrat pour le terrain, puis un deuxième contrat avec le nouveau propriétaire s'apparentant à un mandat d'entreprise (louage d'ouvrage pour les constructions).

Dans quels cas pouvez-vous être dans une situation de fourniture indirecte ?

Dès lors que le constructeur sert d'intermédiaire entre l'acquéreur et celui qui lui vend le terrain, la procuration est réputée indirecte par les juges. L'appréciation de la procuration indirecte dépend donc largement de la situation factuelle dans laquelle vous vous trouvez. C'est pour cette raison qu'il est difficile de définir la procuration indirecte. Les décisions des juges sont casuelles, c'est-à-dire étudiées au cas par cas.

Côté Cour

Cour de cassation - 9 juillet 1976
Un exemple de procuration indirecte

Selon le moyen invoqué par le défendeur, la procuration indirecte nécessite « l'existence de liens juridiques ou économiques unissant le vendeur du sol au constructeur de l'immeuble et l'apparition d'une certaine dépendance entre la vente du terrain et la construction subséquente de l'immeuble, ces deux opérations consécutives comportant une unicité telle qu'elles ne peuvent être séparées ou dissociées ».

La Cour de cassation rejette cet argument en retenant qu'en l'espèce, le constructeur ayant adressé une lettre au vendeur pour lui demander de vendre ledit terrain à l'accédant, il était intervenu indirectement.

Troisième condition : la réalisation de la construction

Le constructeur s'engage à édifier une construction dans un certain délai. En contrepartie, l'acquéreur doit verser des fonds avant l'achèvement.

Quelles sont les sanctions encourues si les trois conditions sont remplies mais que vous ne concluez pas avec le constructeur/vendeur un contrat de vente d'immeuble à construire ?

C'est une violation grave des dispositions légales pour le constructeur qui est tenu de conclure ce type de contrat avec l'acquéreur. Deux sanctions sont possibles :
– une sanction civile consistant en la nullité du contrat de vente ;
– une sanction pénale, par exemple si le constructeur vous demande des versements anticipés à la conclusion du contrat définitif.

Les deux catégories de vente d'immeuble à construire

Entrent dans le champ d'application du contrat de vente d'immeuble à construire deux ventes distinctes : la vente à terme et la vente en l'état futur d'achèvement. Cette dernière forme est la plus usitée.

La vente à terme

Dans cette vente, le transfert de propriété du terrain et de la construction ainsi que le paiement du prix n'ont lieu qu'à l'achèvement de l'immeuble. Le vendeur ne peut donc pas recevoir de versement avant cette date. Toutefois, dans certains contrats, il est prévu des dépôts de garantie. L'acquéreur devra faire des dépôts correspondant à une partie du prix chez un banquier. Ces sommes sont ainsi indisponibles, insaisissables et incessibles pour le vendeur. Dans cette hypothèse, le versement au vendeur des fonds objets des dépôts se fera sous la responsabilité du notaire, normalement au moment de la livraison.

La vente en l'état futur d'achèvement

Dans cette vente, le transfert de propriété du terrain et de la construction ainsi que le paiement du prix ont lieu au fur et à mesure de la réalisation des travaux.

Le contrat préliminaire à la vente d'immeuble à construire

Le contrat de vente d'immeuble à construire peut être précédé d'un avant-contrat : le contrat préliminaire. Ce n'est cependant pas une obligation.

Le contrat préliminaire est très utile pour le vendeur car il lui permet d'engager l'acquéreur. En outre, ce contrat permet au vendeur d'obtenir des versements anticipés même s'ils sont consignés. Il faut savoir que ce contrat n'est en aucun cas une obligation pour l'acquéreur. Le constructeur peut parfaitement s'en passer !

Dans le secteur libre (construction à usage professionnel), ce contrat n'est pas soumis à des dispositions particulières, contrairement au secteur protégé (construction à usage d'habitation ou à usage professionnel et d'habitation), où ce contrat est très réglementé tant pour sa rédaction que pour les obligations qui en découlent.

Côté Loi

Article L. 261-15 du Code de la construction et de l'habitation

« La vente (...) peut être précédée d'un contrat préliminaire par lequel, en contrepartie d'un dépôt de garantie effectué à un compte spécial, le vendeur s'engage à réserver à un acheteur un immeuble ou une partie d'immeuble.

Ce contrat doit comporter les indications essentielles relatives à la consistance de l'immeuble, à la qualité de la construction et aux délais d'exécution des travaux ainsi qu'à la consistance, à la situation et aux prix du local réservé.

Les fonds déposés en garantie sont indisponibles, incessibles et insaisissables jusqu'à la conclusion du contrat de vente.

Ils sont restitués, dans le délai de trois mois, au déposant si le contrat n'est pas conclu du fait du vendeur, si la condition suspensive (...) n'est pas réalisée, ou si le contrat proposé fait apparaître une différence anormale par rapport aux prévisions du contrat préliminaire.

Est nulle tout autre promesse de vente ou d'achat. »

La rédaction du contrat

Dans le secteur protégé, le contrat doit être rédigé par écrit. Il mentionne obligatoirement :

– la surface habitable approximative de l'immeuble objet du contrat ;

– le nombre de pièces principales ;

– l'énumération des pièces de service, dépendances et dégagements ;

– dans le cas où la construction fait elle-même partie d'un immeuble, cette partie doit être précisée ;
– la qualité de la construction est établie par une note sommaire technique annexée au contrat qui indique la nature et la qualité des matériaux et des éléments d'équipement. Dans le cas d'un immeuble collectif, cette note comprend les équipements collectifs utiles à l'ouvrage vendu ;
– le prix prévisionnel de vente ainsi que les modalités de sa révision ;
– la date à laquelle la vente sera conclue ;
– les prêts que le réservant (le vendeur) déclare qu'il fera obtenir au réservataire (l'acquéreur).

Le délai de rétractation de sept jours s'applique-t-il au contrat préliminaire ?

Oui ! Pendant sept jours à compter de la conclusion du contrat, vous avez le droit de changer d'avis et de renoncer à conclure le contrat de vente d'immeuble à construire.

À partir de quand court ce délai de rétractation ?

À compter du lendemain de la première présentation de la lettre notifiant l'acte. En effet, cet acte doit être notifié à l'acquéreur par lettre recommandée avec accusé de réception.

Y aura-t-il un nouveau délai de rétractation de sept jours en cas de conclusion d'un contrat définitif ?

Non. Dès lors qu'il y a un avant-contrat, le délai de rétractation ne s'applique qu'à lui. En outre, la conclusion d'un contrat préliminaire va entraîner la consignation d'un dépôt de garantie. L'acquéreur va verser des fonds anticipés qui seront bloqués sur un compte spécial ouvert au nom du réservataire (l'acquéreur) dans une banque ou chez un notaire.

À noter

Le montant de ce dépôt est strictement encadré par la loi :
– si la vente intervient dans un délai d'un an, le dépôt de garantie est de 5 % maximum ;
– si la vente intervient dans un délai de deux ans, le dépôt est de 2 % maximum ;
– au-delà de ce délai de deux ans, aucun dépôt ne saurait être exigé.

Il existe trois cas dans lesquels le dépôt de garantie peut être restitué au réservataire :
– premier cas : le contrat n'est pas conclu du fait du vendeur ;
– deuxième cas : le réservataire n'a pas pu obtenir les prêts qu'il a sollicités (voir chapitre 2) ;
– troisième cas : le contrat de vente définitif fait apparaître une différence anormale par rapport aux prévisions du contrat préliminaire.

Cette différence anormale est caractérisée :
– si le prix excède de plus de 5 % le prix prévisionnel ;
– si le ou les prêts prévus au contrat préliminaire ne sont pas obtenus ou transmis ou si leur montant est inférieur de 10 % aux prévisions du contrat ;
– si l'un des éléments d'équipement prévus au contrat préliminaire n'est pas réalisé ;
– si l'immeuble présente dans sa consistance ou dans sa qualité une réduction de valeur de plus de 10 %.

En dehors de ces cas, le vendeur conserve votre dépôt.

Les obligations des parties

La conclusion d'un contrat préliminaire va entraîner plusieurs obligations pour le vendeur et l'acquéreur. Le vendeur est tenu de réserver l'immeuble à l'acquéreur, ce qui signifie que l'ouvrage du contrat préliminaire ne pourra pas faire l'objet d'un autre contrat avec un tiers en vue de son acquisition. Cet autre contrat intervient à une date prévue par les parties dans le contrat préliminaire.

Le vendeur n'a cependant pas l'obligation de construire. Il peut également renoncer à son projet.

En outre, le réservant (c'est-à-dire le vendeur) doit adresser au réservataire le contrat de vente définitif au moins un mois avant la date prévue au contrat.

> **Quelle est la sanction si le réservant ne notifie pas la vente dans les délais ?**
>
> Comme la conclusion du contrat définitif n'est pas une obligation pour le réservant, vous ne pouvez pas le contraindre à exécuter son obligation. L'exécution forcée ne peut être demandée en justice. En revanche, en cas de violation de l'obligation de notification, vous pourrez obtenir des dommages et intérêts.

La seule obligation qui pèse sur le réservataire est de consigner un dépôt de garantie, qui lui sera restitué en cas de manquements du reservant.

L'établissement du contrat définitif

Comme nous l'avons déjà mentionné, les parties doivent opter soit pour un contrat de vente à terme soit pour un contrat de vente en l'état futur d'achèvement. Quel que soit leur choix, la rédaction du contrat est soumise à des exigences formelles dont découlent plusieurs obligations pour les cocontractants.

La rédaction du contrat

Dans le secteur libre (c'est-à-dire portant sur un immeuble à usage professionnel), les parties ne sont pas tenues de choisir un contrat de vente d'immeuble à construire. Si elles le font, les règles afférentes à la conclusion du contrat sont dites « supplétives », c'est-à-dire qu'elles dépendent de la volonté des parties qui peuvent choisir ou non d'y souscrire.

Dans le secteur protégé (c'est-à-dire pour un immeuble à usage d'habitation ou professionnel et d'habitation), le contrat est impérativement un acte authentique (devant notaire). Il doit mentionner :
– la description de l'immeuble ou de la partie de l'immeuble vendu ;
– son prix et les modalités de paiement de celui-ci (prêts...) ;
– le délai de livraison ;
– les garanties de bonne fin.

En l'absence de contrat préliminaire, l'acquéreur bénéficie du délai de rétractation de sept jours à compter de la notification du contrat faite par l'entrepreneur.

Les obligations du contrat

Le contrat de vente d'immeuble à construire du secteur protégé entraîne plusieurs obligations pour le vendeur mais également pour l'acquéreur.

■ Les obligations du vendeur

La première obligation du vendeur est de respecter les délais prévus au contrat.

Côté Cour

Cour d'appel d'Aix-en-Provence – 21 février 2006

Dans cet arrêt, la cour d'appel a rappelé que le vendeur, et plus particulièrement le vendeur professionnel, est tenu d'une obligation de renseignements à l'égard de l'acquéreur, à défaut de quoi il peut être coupable d'une réticence dolosive, qui entraîne la nullité du contrat, mais également l'allocation de dommages et intérêts si la victime démontre un préjudice.
La vente peut ainsi être annulée !

Est-il licite de prévoir dans le contrat une clause de majoration des délais ?

Oui, dans certains cas. Le constructeur peut prévoir des clauses de majoration des délais en cas de survenance de divers événements. Elles ne sont valables que si elles sont précises quant aux événements en cause et raisonnables quant aux délais (un à trois mois généralement).

En outre, il doit bien entendu livrer l'ouvrage conformément aux stipulations, plans et annexes contractuelles convenues. Dans le cas contraire, il s'agit d'un défaut de conformité (voir chapitre 12).

Le vendeur, en sa qualité de constructeur, est également soumis à l'ensemble des régimes de responsabilité applicables (voir chapitre 12).

Attestation d'avancement des travaux *Modèle*

(L'acquéreur sera en effet averti de l'état d'avancement des travaux lors de la réalisation de la construction).

Je soussignée, Madame..., gérante de la société..., agissant en qualité de maître d'œuvre d'exécution,

Certifie et atteste,

Que les travaux du programme : (nom et adresse du programme), sont à ce jour, au stade d'avancement ci-dessous :

Les fondations des pavillons sont achevées à 100 %.

Date, signature

■ Les obligations de l'acheteur

L'acheteur n'a finalement qu'une seule obligation : celle de payer le prix. Dans le secteur protégé, ce prix, ainsi que ses modalités de règlement, sont obligatoirement indiqués dans le contrat.

> **À noter**
>
> Le prix peut être révisé par le vendeur. Pour ce faire, il faut que le contrat contienne une clause de révision. Attention : cette révision n'est pas libre, elle doit être indexée sur l'indice BT01, qui est publié mensuellement au Journal officiel.

En outre, la loi impose un échéancier pour le montant maximum des paiements. Attention, cet échelonnement ne concerne que les ventes en l'état futur d'achèvement. Les paiements ne peuvent dépasser :
– 35 % à l'achèvement des fondations ;
– 70 % à la mise hors d'eau ;
– 95 % à l'achèvement de l'immeuble.

> **Qu'est-ce que l'indice BT01 ?**
>
> L'indice BT01 est l'index national du bâtiment. Il est créé par le ministre chargé de l'Économie et des Finances et utilisé pour la révision du prix des marchés de construction du bâtiment.
>
> Il traduit la variation des coûts salariaux, des coûts des matériaux et de leur transport, des coûts d'utilisation, amortissements compris, des matériels mis en œuvre ainsi que des coûts des produits et services nécessaires à la gestion des entreprises.

Le solde est payable lors de la mise du local à la disposition de l'acquéreur. Il peut toutefois être consigné en cas de contestation sur la conformité avec les prévisions du contrat.

Dans la vente à terme, l'achèvement entraîne le paiement de la totalité du prix et vaut livraison. Avant cette date, le vendeur ne peut recevoir aucun versement en dehors des dépôts de garantie (obéissant à des conditions identiques à celles du contrat préliminaire).

> **Qu'advient-il si votre contrat de vente d'immeuble à construire comporte un échéancier dépassant ces maxima légaux ?**
>
> La clause est réputée non écrite, elle est censée n'avoir jamais existé.

La livraison de l'immeuble

Dans la vente à terme, le délai d'achèvement se confond avec le délai de livraison. Ce n'est pas le cas dans la vente en l'état futur d'achèvement où la livraison intervient avant l'achèvement de l'immeuble. En effet, comme on l'a précisé plus haut, en fonction de l'échéancier des paiements, 95 % du prix est exigible au jour de la livraison (l'immeuble est simplement habitable). À l'achèvement, il est complètement terminé et le solde du prix est dû.

Qu'est-ce que l'achèvement ?

La loi indique qu'un immeuble est réputé achevé lorsque sont exécutés les ouvrages et sont installés les éléments d'équipement indispensables à l'utilisation, conformément à sa destination, de l'immeuble faisant l'objet du contrat.

Côté Cour

Cour de cassation - 20 décembre 1977
La délivrance de l'immeuble

Dans cette affaire, la Cour de cassation condamne une société venderesse d'un appartement en état futur d'achèvement à payer à l'acquéreur une indemnité pour insuffisance d'insonorisation dès lors qu'elle a caractérisé la faute contractuelle de cette société. En effet, elle s'était engagée dans ses documents contractuels à faire de l'immeuble « un havre de paix, de calme et de repos ».

Dans la vente à terme, l'achèvement de l'immeuble est constaté soit par les parties elles-mêmes, soit par une personne qualifiée. Aucune disposition similaire n'existe dans la vente en l'état futur d'achèvement. En pratique, il peut revêtir deux modalités :
– une notification unilatérale émanant du vendeur ;
– une constatation entre les deux parties par écrit.

> **A noter**
>
> En cas de désaccord entre le vendeur et l'acquéreur sur l'achèvement de l'immeuble, il est possible de demander au tribunal de grande instance la désignation d'un expert. Il ne faut donc jamais payer le solde du prix sans être sûr que l'immeuble est achevé. En effet, la consignation du solde du prix constitue un moyen de pression sur le vendeur de finir l'ouvrage ! Cependant, il n'est pas possible de consigner le solde en cas de dépassement des délais.

En cas de retard pris par le vendeur, quelles sont les sanctions ?

Si le retard est minime mais s'il vous a tout de même causé un préjudice, le vendeur peut être condamné par le juge à vous verser des dommages et intérêts. Si le retard laisse mal augurer de l'achèvement de la construction ou s'avère excessif, le juge peut prononcer la résiliation de la vente.

Attention ! En cas de retard, vous ne pouvez pas consigner le solde du prix. Celui-ci ne peut être consigné qu'en cas de non-conformité.

Dans certains cas, les juges peuvent même autoriser l'acheteur à prendre possession de l'immeuble en l'état et à faire terminer les travaux par une entreprise de son choix. La difficulté est que l'ensemble de ces solutions implique une action en justice...

Les garanties de bonne fin

La vente à terme n'étant pas soumise à des garanties de bonne fin, cette partie ne vaut que pour la vente en l'état futur d'achèvement. Ce système de garantie a été élaboré pour protéger l'acquéreur qui paie avant l'achèvement. Il court en effet le risque que l'immeuble ne soit jamais achevé.

Il existe deux types de garanties : la garantie d'achèvement et la garantie de remboursement.

La garantie d'achèvement

La garantie d'achèvement peut être de deux types : intrinsèque ou extrinsèque.

▪ La garantie intrinsèque

Contrairement à la garantie extrinsèque, cette garantie, lorsqu'elle vous est fournie, ne vous permet pas d'être totalement sûr que l'ouvrage soit achevé. En effet, aucune garantie bancaire n'est exigée ! Heureusement, la loi a circonscrit le champ d'application de cette garantie principalement aux immeubles collectifs (type HLM) et aux maisons individuelles.

▪ La garantie extrinsèque

La garantie extrinsèque est beaucoup plus sûre pour l'acquéreur. Elle consiste soit en une ouverture de crédit par laquelle le banquier avance au vendeur le montant nécessaire à l'achèvement de la construction, soit en un cautionnement. Il s'agit donc d'une garantie de financement qui oblige l'entrepreneur à payer les sommes nécessaires à l'achèvement de l'immeuble. L'étendue de la garantie doit permettre l'achèvement de chacune des ventes.

Le garant (par exemple la banque) est tenu par le contenu du contrat de vente. L'achèvement s'étend aux détails d'agencement et de finition s'incorporant à l'ouvrage lui-même et indispensables à son utilisation. Cette garantie est mise en œuvre seulement en cas de défaillance du vendeur, c'est-à-dire en cas de cessation des paiements (procédure collective : ouverture du redressement judiciaire) ou s'il ne dispose pas des fonds nécessaires à l'achèvement de l'immeuble (voir Annexe).

La garantie de remboursement

À la place de la garantie d'achèvement, il peut être préféré une garantie de remboursement. Elle joue en cas de résolution de la vente pour défaut d'achèvement. Dans ce cas, vous êtes sûr de pouvoir récupérer le montant de votre mise.

Attention ! Seules les garanties extrinsèques offrent une véritable protection à l'acquéreur.

Le paiement du prix par l'acquéreur

L'acquéreur doit payer le vendeur conformément à l'échéancier des paiements prévu au contrat. L'absence de paiement est une violation grave des obligations contractuelles. Dans la plupart des cas, des pénalités de retard sont stipulées dans le contrat. D'après la loi, ces pénalités de retard ne peuvent être supérieures à 1 % par mois.

À noter

Les clauses de retard ou de résiliation pour défaut de paiement ne jouent pas si vous choisissez de consigner le solde du prix en cas de non-conformités ou de malfaçons.

Chapitre 8

Mandater un promoteur

- La formation du contrat
- Les obligations du promoteur
- Le paiement du prix par le maître de l'ouvrage

Si vous êtes propriétaire de votre terrain et si vous avez un programme pour l'édification de votre maison, vous pouvez avoir besoin d'une personne qui vous représentera et fera exécuter ce programme pour votre compte. Cette personne est un promoteur. En dépit de la connotation parfois négative de ce terme, il faut néanmoins souligner que le promoteur est tenu de respecter plusieurs obligations imposées par la loi, destinées à vous protéger. Ces dispositions légales sont afférentes au contrat de promotion immobilière conclu entre vous et lui. Elles concernent tant la formation du contrat que son exécution.

La formation du contrat

Le promoteur est la personne, physique (M. Dupont) ou morale (la société Bricoltout), qui va faire construire pour votre compte. Le fait qu'il se charge de cette opération pour vous s'appelle un mandat.

Ce mandat va lui permettre de conclure à votre place des contrats de louage d'ouvrage avec divers entrepreneurs, mais aussi de vous représenter dans toutes les opérations administratives, juridiques et financières subséquentes à la construction.

En outre, son mandat lui impose de réaliser l'intégralité du programme de construction convenu.

Côté Loi

Article 1831-1 du Code civil

« Le contrat de promotion immobilière est un mandat d'intérêt commun par lequel une personne dite promoteur immobilier s'oblige envers le maître de l'ouvrage à faire procéder pour un prix convenu, au moyen de contrats de louage d'ouvrage, à la réalisation d'un programme de construction d'un ou plusieurs édifices ainsi qu'à procéder elle-même ou à faire procéder, moyennant une rémunération convenue, à tout ou partie des opérations juridiques, administratives et financières concourant au même objet. Ce promoteur est garant de l'exécution des obligations mises à la charge des personnes avec lesquelles il a traité au nom du maître de l'ouvrage. (...)

Si le promoteur s'engage à exécuter lui-même une partie des opérations du programme, il est tenu, quant à ces opérations, des obligations d'un locateur d'ouvrage. »

Le promoteur ayant deux missions, sa rémunération aura une double affectation. Dans un premier temps, elle lui permettra de payer les intervenants à l'opération de construction (électricien, plombier, etc.). Dans un second temps, elle servira à le rétribuer pour le travail qu'il aura accompli.

Y a-t-il contrat de promotion immobilière lorsque le promoteur vend un immeuble clefs en main ?

Non. Dans ce cas, le promoteur n'a eu pour mission ni de vous représenter ni de réaliser une construction. Les deux conditions sont cumulatives (voir chapitre 10).

Y a-t-il un contrat de promotion immobilière si vous choisissez l'ensemble des entrepreneurs ?

Non. Encore une fois, pour qu'il y ait contrat de promotion immobilière, il faut charger une personne de réaliser un projet de construction. C'est donc lui qui va faire appel aux différents corps de métier nécessaires à la réalisation de l'opération.

Le promoteur fournit-il les plans de la construction ?

Non. S'il fournit les plans, il s'agit d'un contrat de construction de maison individuelle avec fourniture de plan. S'agissant du contrat de promotion immobilière, vous avez d'ores et déjà fixé le programme de construction. Le constructeur est tenu de le réaliser.

Quelle est alors la différence entre un contrat de construction de maison individuelle sans fourniture de plan et un contrat de promotion immobilière ?

Il est vrai que la différence est ténue et qu'il convient d'être particulièrement vigilant. Dans le contrat de construction de maison individuelle sans fourniture de plan, il n'y a aucun pouvoir de représentation. Le constructeur ne conclut aucun contrat pour votre compte.

Qu'advient-il si c'est le promoteur qui me vend le terrain ?

Dès lors que vous n'êtes pas propriétaire du terrain objet de la construction, il ne peut y avoir de contrat de promotion immobilière. Il peut alors s'agir d'un contrat de vente d'immeuble à construire (voir chapitre 7).

Et si le promoteur ne me vend pas directement le terrain mais agit comme un intermédiaire entre le vendeur du terrain et moi ?

À partir du moment où le promoteur est un intermédiaire ou vous met en contact de façon explicite avec le vendeur (par exemple sous la forme de courriers ou de rendez-vous pendant lesquels le promoteur est présent), il s'agit d'une procuration indirecte du terrain (voir chapitre 7). Par conséquent, le contrat de promotion immobilière est exclu. Seul le contrat de vente d'immeuble à construire est pertinent.

Dans quels cas le contrat de promotion immobilière est-il obligatoire ?

Il est obligatoire seulement si la construction est à usage d'habitation ou à usage professionnel et d'habitation.

Or, cette condition est réputée remplie lorsque 10 % au moins de sa superficie sont affectés à un usage d'habitation ou professionnel et d'habitation. En outre, le promoteur doit s'engager à faire procéder à la réalisation d'un immeuble.

Afin de protéger l'acquéreur, même en l'absence de contrat de promotion immobilière, les juges peuvent qualifier l'entrepreneur de promoteur. Il s'agit alors d'un promoteur de fait.

Est promoteur de fait toute personne prenant l'initiative et le soin principal d'une opération immobilière. Sont ainsi visées les personnes qui se comportent comme un promoteur.

La qualification n'est pas dénuée d'intérêt puisque, dans ce cas, le promoteur de fait supporte les mêmes obligations que le promoteur.

Quelles sont les conditions de formation du contrat ?

Dans le secteur protégé, où la construction est à usage d'habitation ou à usage professionnel et d'habitation, plusieurs conditions doivent impérativement être remplies. Dans le secteur dit libre, qui n'est donc pas protégé, le contrat de promotion immobilière n'obéit à aucune condition particulière. Pour ce qui concerne le secteur protégé, le contrat doit faire l'objet d'un acte écrit. Peu importe la forme de l'écrit, acte sous seing privé (entre vous et le promoteur) ou acte authentique (devant le notaire).

L'acte sera ensuite déposé au rang des minutes d'un notaire afin qu'il en soit porté mention au fichier immobilier. Dans le cas contraire, le contrat n'est pas opposable aux tiers. Cette publicité foncière est obligatoire.

Êtes-vous juridiquement lié à compter de la signature du contrat ?

Oui. Cependant, à compter de la date de conclusion du contrat, vous avez un délai de rétractation de sept jours. Pendant ces sept jours, vous pouvez donc changer d'avis et renoncer à votre projet de construction ou faire appel à un autre promoteur.

À noter

Il peut arriver que vous souhaitiez conclure un contrat d'étude préliminaire. Ce contrat n'est pas soumis aux dispositions du contrat de promotion immobilière. En outre, la conclusion d'un tel contrat ne vous oblige pas à signer un contrat de promotion immobilière.

Que doit contenir le contrat ?

Afin de mieux protéger le maître de l'ouvrage (vous), le contrat doit comporter plusieurs mentions sous peine de nullité :
– la situation et la contenance du terrain sur lequel doit être édifié le bâtiment ;

- la consistance et les caractéristiques techniques du bâtiment. À ce titre, le contrat de promotion immobilière doit comporter en annexe les plans, coupes et élévations avec les cotes utiles des bâtiments, voies, réseaux divers et aménagements extérieurs ou intérieurs. Ces documents font ressortir les surfaces de chacune des pièces, de chacun des locaux, de chacune des annexes ou dégagements dont la construction est prévue en faisant mention des éléments d'équipement qui seront réalisés ;

- les devis descriptifs et les conditions d'exécution technique des travaux, ce qui signifie que, avant de vous en proposer la signature, le promoteur doit d'ores et déjà avoir fait appel à des entrepreneurs qui auront fait des devis de leurs prestations ;

- le prix convenu ainsi que les limites et conditions dans lesquelles la révision du prix peut intervenir. Le prix indiqué est en effet global. Cependant, il peut y avoir un poste pour imprévu. Si ce poste est inclus dans le prix et que l'utilisation des sommes n'est pas subordonnée à un accord préalable du maître de l'ouvrage, le promoteur, en fin d'opération, doit restituer les sommes dont il n'a pas eu besoin pour effectuer sa mission ;

- les moyens et conditions de financement et les modalités de financement au fur et à mesure de la construction. Les paiements sont faits en fonction de l'état d'avancement des travaux. La fixation de cet échéancier est libre, c'est-à-dire qu'il est négocié librement entre les parties lors de la conclusion du contrat. Toutefois, ces paiements ne peuvent excéder :
  - 15 % du prix à l'achèvement des fondations ;
  - 70 % à la mise hors d'eau.

- la rémunération du promoteur pour son travail. De la même façon, si le montant de la rémunération totale est libre, l'échéancier de son paiement est au maximum de :
  - dans le cas où il y a eu un contrat d'études préliminaires : 10 % au jour de la signature du contrat de promotion immobilière. Dans le cas contraire : 25 % ;
  - 50 % à la mise hors d'eau ;
  - 70 % à l'achèvement des travaux d'équipement, de plomberie, de menuiserie et de chauffage ;
  - 90 % à la livraison du bâtiment au maître de l'ouvrage ;

- le solde est consigné par l'acquéreur jusqu'à l'achèvement de la construction. Ce moment correspond à la fin de la mission du promoteur, c'est-à-dire, la reddition des comptes.
- le délai dans lequel le bâtiment doit être effectué ;
- la garantie apportée par le promoteur pour la bonne exécution de sa mission.

Les obligations du promoteur

Les obligations du promoteur sont nombreuses et ce, afin de mieux vous protéger.

L'obligation d'édifier

La principale obligation du promoteur est de réaliser l'ouvrage conformément aux dispositions contractuelles. Il doit respecter les délais et les conditions financières prévues. Cette obligation est légale et contractuelle.

Qu'advient-il en cas de dépassement du prix ?

Comme pour le contrat de construction de maison individuelle, le prix convenu est global. Par conséquent, la bonne exécution de la mission du promoteur, qui résulte du contrat, comporte l'obligation de prendre à sa charge les sommes excédant le prix convenu qui seraient nécessaires à la réalisation de l'ouvrage tel que décrit au contrat. En effet, pour mémoire, le promoteur doit s'engager à respecter le prix convenu qui peut être assorti d'un poste pour imprévu. En dehors de ce poste, les frais supplémentaires au contrat sont à sa charge.

Hormis le cas où le promoteur réalise lui-même les opérations de construction, il doit également vous assurer la bonne exécution des obligations des personnes avec qui il a traité en votre nom.

L'obligation d'information

En votre qualité de maître de l'ouvrage, le promoteur doit vous informer de chaque contrat qu'il conclut en votre nom avec les différents entrepreneurs qui vont réaliser votre programme de construction. Cette information consiste en un envoi, sous la forme recommandée avec accusé de réception, de l'ensemble des contrats conclus.

Il a également une obligation générale de conseil à votre égard (voir chapitre 12). En outre, le promoteur doit vous rendre des comptes. Ainsi, avant la fin de sa mission, il doit vous remettre une reddition des comptes. Cette obligation est légale.

Côté Loi

Article L. 221-4 du Code de la construction et de l'habitation

« Ainsi qu'il est dit à l'article 1831-4 du Code civil :

La mission du promoteur ne s'achève à la livraison de l'ouvrage que si les comptes de construction ont été définitivement arrêtés entre le maître de l'ouvrage et le promoteur, le tout sans préjudicier aux actions en responsabilité qui peuvent appartenir au maître de l'ouvrage contre le promoteur. »

Le maître de l'ouvrage peut ainsi contester l'utilisation des sommes par le promoteur. Pour ce faire, il doit établir le caractère excessif ou inutile de la dépense. Si le prix de la construction est inférieur à celui prévu au contrat, le promoteur doit restituer les sommes au maître de l'ouvrage.

> **Attention !** Dans certains cas, le promoteur prévoit de percevoir un pourcentage sur les économies faites. Il faudra donc déduire ce pourcentage de la somme qu'il doit vous rendre. L'existence de cette rémunération supplémentaire peut l'encourager à être vigilant quant aux dépenses.

L'obligation de garantir

Le promoteur est réputé être un constructeur. De ce fait, il peut être responsable des dommages survenus (voir chapitre 12). En outre, il doit fournir au maître de l'ouvrage une garantie de bonne exécution de sa mission. Cette garantie est fournie par une banque par le biais d'un cautionnement par lequel la caution s'engage à payer les sommes à la place du promoteur s'il est défaillant. Elle peut également consister en une ouverture de crédit.

La garantie prend fin à la livraison. Or, la construction est réputée livrée lorsque sont exécutés les ouvrages et installés les éléments d'équipement indispensables à leur utilisation.

Enfin, le promoteur a l'obligation de s'assurer pour son compte et pour le compte du maître de l'ouvrage (voir chapitre 11).

Le paiement du prix par le maître de l'ouvrage

La seule obligation du maître de l'ouvrage est de payer le prix convenu au contrat, c'est-à-dire de respecter l'échéancier (voir partie sur les clauses contractuelles). Pour mémoire, le maître de l'ouvrage doit au promoteur une rémunération double. La première est allouée au paiement des différents entrepreneurs pour lesquels le promoteur a été mandaté. La deuxième concerne la rémunération du promoteur.

Qu'est-ce qu'une clause résolutoire ?

Dans certains cas, figure dans le contrat une clause résolutoire actionnée si le maître de l'ouvrage ne respecte pas l'échéancier des paiements. Ce type de clause peut être particulièrement dangereux en ce qu'elle entraîne l'anéantissement du contrat en cas d'inexécution. Pour protéger le maître de l'ouvrage, le législateur a réglementé cette clause. Elle ne peut produire des effets qu'après que le promoteur a adressé au maître de l'ouvrage une lettre de mise en demeure restée infructueuse pendant un mois.

Pour mémoire, une lettre de mise en demeure est un courrier adressé sous la forme recommandée avec accusé de réception enjoignant le débiteur d'exécuter ses obligations de manière explicite.

À noter

Hormis le dépôt de garantie qui n'est pas un versement, aucune somme d'argent ne peut être acceptée avant la signature du contrat.

Quelques conseils

Les caractéristiques du promoteur sont :
- de percevoir une rémunération en plus du prix payé pour la construction ;
- de construire et non de rénover ;
- d'être l'interlocuteur unique des divers intervenants à la réalisation de la construction.

Attention, la mission dite de promoteur vendeur (lorsque le promoteur procède pour son compte à des opérations immobilières allant de l'investissement dans l'achat des terrains à la réalisation et à la commercialisation de l'ouvrage en passant par son financement), n'obéit pas aux règles du contrat de promotion immobilière. Il s'agit dans ce cas d'une vente d'immeuble à construire.
Soyez vigilant !

Chapitre 9

Recourir à un architecte

- Les obligations de l'architecte avant le début des travaux
- Les obligations de l'architecte pendant les travaux
- Les obligations de l'architecte après la livraison des travaux
- Le paiement des honoraires de l'architecte

L'architecte fait juridiquement partie des maîtres d'œuvre en ce qu'il a pour mission de concevoir, diriger et surveiller la construction.

Pour les constructions importantes (surface de plancher hors œuvre nette supérieure à 170 m²), le recours à un architecte est obligatoire pour déposer un permis de construire. Dans le cas contraire, il est facultatif. Cependant, si vous choisissez de faire appel à un architecte, deux éléments sont à prendre en considération :
- *l'architecte fait partie d'un ordre professionnel réglementé. Il est donc tenu de remplir ses obligations sous peine de sanctions ;*
- *le contrat que vous allez conclure avec l'architecte est un contrat de maîtrise d'œuvre classique, répondant aux mêmes conditions de formation que le contrat de louage d'ouvrage.*

Compte tenu de ces deux éléments, l'architecte a une série d'obligations à l'égard du maître de l'ouvrage. Ces obligations interviennent à trois moments de la construction : avant, pendant et après. En contrepartie, le maître de l'ouvrage est tenu de payer ses honoraires.

Les obligations de l'architecte avant le début des travaux

L'avant-projet

L'architecte a l'obligation de tenir compte des souhaits de son client et de les faire connaître aux entrepreneurs. Il doit analyser le programme de construction proposé par le maître de l'ouvrage en fonction du terrain. Cette analyse est aussi financière. Il est nécessaire qu'il s'adapte au budget de son client et lui fournisse une estimation globale des travaux. Il est ainsi tenu de guider ses choix et ce, en vertu de son obligation de conseil et d'assistance (voir chapitre 12).

Il peut vérifier le raccordement en eau, les sous-sols, etc. Enfin, il doit prendre en considération l'ensemble des règles d'urbanisme et de construction applicables au terrain.

Une fois cet avant-projet sommaire établi, l'architecte élabore un avant-projet définitif. Il assiste ensuite le maître de l'ouvrage lors de la rédaction de la demande de permis de construire.

À noter

Si le maître de l'ouvrage le souhaite, l'architecte peut faire la demande de permis de construire pour son compte. Ce n'est cependant pas une obligation.

Les choix de l'architecte

L'architecte choisit les matériaux et les entreprises qui vont réaliser la construction avec le maître de l'ouvrage.

Le choix des matériaux

Choisir des matériaux appropriés à la construction fait partie des obligations de l'architecte. Même si cette mission n'est pas mentionnée explicitement dans le contrat, sa responsabilité peut être engagée en cas de vice du matériau.

Côté Cour

Cour de cassation – 30 janvier 1991
L'architecte est responsable des inconvénients du type de matériau.

Dans cette affaire, l'architecte avait choisi un enduit. À l'usage, il s'est avéré incompatible avec le béton utilisé. Or, l'architecte savait que ce béton allait être utilisé. Sa responsabilité a été engagée sur ce fondement. Il est donc responsable du choix des matériaux.

Le choix des entrepreneurs

L'architecte conseille et assiste le maître de l'ouvrage dans le choix des entrepreneurs qui vont réaliser la construction. Le mauvais choix d'une entreprise pourra lui être reproché.

Attention ! Malgré le caractère général de son obligation de conseil, l'architecte ne s'occupe pas de vérifier la solvabilité de l'entrepreneur. Une mise en redressement ou en liquidation judiciaire de l'entrepreneur, appelée communément faillite, ne saurait lui être imputée.

Les obligations de l'architecte pendant les travaux

Pendant les travaux, l'architecte dirige et surveille l'opération.

La direction

C'est à l'architecte qu'incombe la charge de coordonner les entreprises et de leur donner des directives. Il rédige ainsi les ordres de service et dirige les réunions avec les entrepreneurs. Il a l'obligation de veiller au bon déroulement des travaux conformément au projet de construction.

La surveillance

Surveiller la réalisation de l'ouvrage n'implique pas la présence constante de l'architecte. Il doit néanmoins contrôler ce qui se passe sur le chantier. De plus, c'est à lui de vérifier le paiement des travaux et les frais effectués par les divers entrepreneurs.

Les obligations de l'architecte après la livraison des travaux

Lorsque l'ouvrage est livré, le maître de l'ouvrage doit procéder à la réception des travaux. L'architecte doit l'assister dans cette opération afin de l'aider à constater l'ensemble des malfaçons. Il doit en outre informer le maître de l'ouvrage des conséquences relatives à la mise en œuvre de la garantie en cas d'absence de réserves (voir chapitre 12).

Le paiement des honoraires de l'architecte

En contrepartie de sa mission, le maître de l'ouvrage doit payer l'architecte, en respectant le prix stipulé au contrat.

L'architecte a un droit à honoraire. Ce droit peut être forfaitaire, au pourcentage (fonction du prix global de la construction) ou au déboursé (variable selon le temps passé sur l'opération). Ce droit ne peut disparaître que si l'architecte a commis une faute grave à l'égard du maître de l'ouvrage. Cette faute est cependant difficile à établir et dépend de décisions factuelles des juges qui distinguent selon la gravité de la faute, délicate à apprécier pour des néophytes !

Quelques conseils

– L'architecte s'engage à exercer sa mission conformément aux règles de l'art qui comprennent l'ensemble de la réglementation et de la pratique en vigueur au moment où les travaux sont exécutés.
– Tout engagement professionnel d'un architecte doit faire l'objet d'un contrat écrit préalable qui définit l'étendue de sa mission et sa rémunération.
– Tout projet architectural doit comporter la signature, le nom et le titre du ou des architectes. En effet, l'architecte est un auteur, protégé en cela par les dispositions du Code de la propriété intellectuelle.
– L'exercice de la profession et le port du titre d'architecte nécessitent un diplôme. Nul ne peut exercer sans être inscrit à un tableau régional de l'Ordre des architectes.
– Afin d'obtenir des informations sur la personne avec laquelle vous allez conclure le contrat de maîtrise d'œuvre, il vous est conseillé de consulter l'annuaire des architectes ou d'appeler le Conseil régional de l'Ordre des architectes.
– Au moment de son inscription, l'architecte prête serment et s'engage à respecter le Code des devoirs professionnels. Le non-respect de ces règles peut entraîner des sanctions disciplinaires de la part de son ordre professionnel.
– L'architecte a une obligation d'assurance.

Chapitre 10

Acheter une maison préfabriquée ou inachevée

- La maison en kit
- La maison prête à finir
- La maison clefs en mains
- La maison inachevée

Les maisons en kit sont des maisons préfabriquées. L'acquéreur choisit une maison et le vendeur lui propose un plan de pose et quelques prestations de service pour l'installation.

Les ventes « prêtes à finir » sont quant à elles des acquisitions pour lesquelles une fois l'ouvrage achevé, il restera quelques finitions à la charge de l'acquéreur (installation de la moquette, de la cuisine, de la salle de bains, etc.). Ce type de vente peut concerner aussi bien des maisons « économiques » où l'acquéreur réalisera lui-même les travaux de finition, que des habitations luxueuses où l'entrepreneur ne prévoit aucun aménagement intérieur.

Les ventes « clefs en mains » visent juridiquement trois types de constructions :
- la vente d'un immeuble neuf qui intervient après l'achèvement de la construction ;
- la vente d'un immeuble conclue avant ou pendant sa construction mais sans versement d'argent par l'acquéreur avant l'achèvement ;
- la vente d'un immeuble en cours de réhabilitation si celle-ci n'est pas assimilée à une vente d'immeuble à construire.

Chaque type de vente est soumis à un régime juridique distinct. Il convient donc d'être particulièrement vigilant quant à la qualification de la vente.

La maison en kit

Exemple

M. Martin charge la société Icks de la construction d'un chalet en bois sur son terrain, sis en bordure du lac d'Annecy. Il choisit un modèle de chalet sur catalogue et conclut un contrat avec la société Icks. À sa grande surprise, il découvre que la société Icks ne fait que lui livrer le matériel requis ainsi qu'un plan, à charge pour lui d'assurer le montage du chalet.

Le vendeur a donc vendu le chalet, fourni les plans d'assemblage et assisté l'acquéreur dans ses démarches administratives. La société Icks a-t-elle l'obligation d'assurer le montage du chalet ?

Côté Cour

Cour de cassation - 3 mai 2001
La construction de maison en kit n'échappe pas au contrat de construction de maison individuelle.

La Cour de cassation, dans une espèce similaire à l'exemple précité, constate que les parties s'étaient engagées pour la construction d'un chalet au terme d'un certain prix dans un document qui ressemble à un contrat de construction de maison individuelle. C'est donc ce type de contrat qu'il aurait fallu conclure. Par conséquent, l'entrepreneur aurait dû assurer le montage du chalet.

Pour mémoire (voir chapitre 6), le contrat de construction de maison individuelle s'applique à toute personne qui réalise une partie des travaux de construction d'un immeuble dès lors que le plan de celui-ci a été fourni par cette personne.

La loi a ainsi voulu étendre le domaine de la réglementation au cas des vendeurs de maisons en kit ou préfabriquées qui proposent un plan de pose à leurs acquéreurs et quelques prestations de service pour l'installation. Dès lors qu'il s'agit d'une maison en kit, le contrat de construction de maison individuelle avec fourniture de plan s'impose.

Au contraire, lorsqu'il s'agit d'une maison « prête à monter » pour laquelle le contrat spécifie bien à l'acquéreur que c'est lui qui aura la charge d'assembler les matériaux, le contrat en cause est un simple contrat de vente.

À noter

La réglementation du contrat de construction de maison individuelle est bien plus avantageuse pour l'acquéreur en ce qu'il bénéficie du régime protecteur instauré par la loi de 1990 (voir chapitre 6). Ainsi, le vendeur est soumis à l'ensemble des obligations légales et sa responsabilité pourra être engagée sur les mêmes fondements que le constructeur de maison individuelle.

En résumé

- *Si le vendeur en kit s'engage à assumer l'entière responsabilité de la réalisation de la construction d'un ouvrage selon un modèle, donc un plan, la qualification du contrat de vente est exclue et il y a contrat de construction de maison individuelle.*
- *Si la volonté des parties annihile toute participation du vendeur des éléments en kit dans la réalisation de la construction, alors le contrat peut être qualifié de vente en kit de maison individuelle. Le contrat sera un contrat de vente régi par le droit commun.*

La maison prête à finir

Il s'agit des ventes dans lesquelles les finitions restent à la charge de l'acquéreur. Il ne s'agit pas de la vente d'une maison inachevée. Les parties ont convenu dès la conclusion du contrat que c'est l'acquéreur qui finira l'ouvrage. Il convient dès lors de tenter de qualifier le contrat.

Premier cas : vous êtes propriétaire du terrain objet de la construction

Dans le cas où vous êtes propriétaire du terrain, il est en effet douteux que le régime du contrat de construction de maison individuelle avec fourniture de plan puisse s'appliquer. Dans la majorité des cas, le plan ne laisse pas au futur propriétaire le soin de réaliser des travaux...

Par contre, le contrat sans fourniture de plans pourrait être adapté si bien entendu les autres conditions d'application du contrat de construction de maison individuelle sans fourniture de plan sont remplies (voir chapitre 6).

Dans le cas contraire, il s'agira d'un contrat d'entreprise classique (voir chapitre 5).

Deuxième cas : vous n'êtes pas propriétaire du terrain objet de la construction

Cette situation conduit à s'interroger sur la possible mise en œuvre des règles relatives au contrat de vente d'immeuble à construire (voir chapitre 7). A priori, rien n'interdit de conclure un tel contrat qui reste très protecteur pour l'acquéreur.

Trois difficultés subsistent cependant quant à la qualification de vente d'immeuble à construire :

– comment constater l'achèvement d'un immeuble si celui-ci est par définition livré inachevé ? Il sera plus délicat d'engager la responsabilité du constructeur en cas de défauts ou malfaçons sur la construction ;

– il existe un risque de fraude. Il faut faire attention à ne pas se laisser piéger par un constructeur peu scrupuleux qui, pour se dégager des règles contraignantes du contrat de vente d'immeuble à construire, va conclure ce type de vente pour le gros œuvre, les finitions relevant alors d'un simple contrat de louage d'ouvrage ;

– enfin, comment va s'articuler la grille des paiements ? Pour mémoire, les 95 % du prix sont payables à l'achèvement et le solde à la livraison. Or, dans ce cas, la livraison n'existera pas puisqu'elle dépendra des finitions.

Nous vous conseillons donc d'être particulièrement vigilant dans ce type de vente qui, il est vrai, est sans doute plus économique mais où votre protection juridique est beaucoup plus aléatoire. En tout état de cause, les conditions de formation du contrat de vente d'immeuble à construire sont rarement réunies...

La maison clefs en mains

Les ventes « clefs en mains » visent juridiquement trois types de construction :
– la vente d'un immeuble neuf qui intervient après l'achèvement de la construction ;
– la vente d'un immeuble conclue avant ou pendant sa construction mais sans versement d'argent par l'acquéreur avant l'achèvement ;
– la vente d'un immeuble en cours de réhabilitation si celle-ci n'est pas assimilée à une vente d'immeuble à construire.

Ces ventes ne sont pas soumises au contrat de vente d'immeuble à construire. Elles relèvent du droit commun de la vente.

La maison inachevée

Exemple

Un constructeur réalise un ouvrage sur un terrain. À la suite de difficultés financières, il souhaite vendre cette construction. Or, celle-ci n'est pas terminée puisqu'il vient seulement d'achever les fondations. Il s'agit donc de la vente d'une « carcasse ».

La maison inachevée se distingue de la maison prête à finir. En effet, au jour de la vente, l'immeuble existe déjà. Dans ce cas, le contrat de vente d'immeuble à construire ne peut être retenu puisque non seulement le vendeur n'a pas d'obligation d'édification d'un ouvrage mais qu'en outre, aucun versement de fond n'est requis. Il s'agit donc d'un contrat de vente de droit commun.

Quelques conseils sur le contrat de vente de droit commun

- Le contrat de vente emporte deux obligations pour les parties au contrat : convenir de la chose et du prix.
- L'effet principal d'un contrat de vente est de transférer la propriété de la chose objet du contrat à l'acheteur et ce, dès sa conclusion. En principe, il y a instantanément délivrance de la chose et paiement du prix.
- Le vendeur a ainsi deux obligations : celle de délivrer la chose et de la garantir.
- En outre, le vendeur en matière immobilière est un professionnel. À ce titre, il supporte une obligation générale de conseil à l'égard du consommateur.
- Le vendeur doit garantir à l'acheteur sa propriété sur la chose. Cette garantie s'appelle la garantie d'éviction. À cet effet, le vendeur ne peut vous vendre une chose qu'il a d'ores et déjà vendue ou qui appartient à un tiers qui ne souhaite pas vendre.
- Il doit aussi garantir à l'acheteur que la chose vendue est apte à l'usage prévu. Cette garantie est celle relative aux vices cachés de la chose (par exemple l'existence d'un marécage mal comblé qui fait que le sous-sol se fissure). Le vice caché rend la chose impropre à l'usage auquel on la destine. Il n'est connu ni de l'acheteur ni du vendeur. L'action en garantie contre les vices cachés doit être intentée dans de brefs délais (généralement inférieur à un an pour les juges). Attention, cette action ne concerne que les ventes de droit commun, les ventes d'immeubles étant soumises à des dispositions légales spécifiques (contrat de construction de maison individuelle, contrat de promotion immobilière, contrat de vente d'immeuble à construire, etc.) et obéissant à un régime distinct plus protecteur pour l'acquéreur (voir chapitre 12).

Chapitre 11

S'assurer

- Les assurances obligatoires
- Les garanties données par l'assureur
- La déclaration du sinistre

S'assurer est une obligation dès lors qu'il y a une construction. Or, cette obligation est double car elle englobe deux assurances distinctes :
- l'assurance de responsabilité ;
- l'assurance de dommages.

Elles couvrent ainsi l'ensemble des sinistres qui peuvent être occasionnés au cours de l'opération de construction. En outre, ces assurances s'avèrent particulièrement utiles en cas de mise en œuvre de la responsabilité des constructeurs.

Ce chapitre doit ainsi être appréhendé au début du chapitre 12 relatif à la responsabilité des constructeurs.

Les assurances obligatoires

Il existe deux types d'assurances construction obligatoires ayant des finalités différentes : l'assurance de dommages et l'assurance de responsabilité.

Il s'agit donc d'assurer soit l'ouvrage lui-même, soit la responsabilité de ceux qui ont participé à sa réalisation.

L'assurance de dommages

Une assurance de dommages doit être obligatoirement souscrite par toute personne physique ou morale qui agit en qualité de propriétaire de l'ouvrage, de vendeur ou de mandataire pour réaliser des bâtiments.

Côté Loi

Article L. 242-1 du Code des assurances

« Toute personne physique ou morale qui, agissant en qualité de propriétaire de l'ouvrage, de vendeur ou de mandataire du propriétaire de l'ouvrage, fait réaliser des travaux de bâtiment, doit souscrire, avant l'ouverture du chantier, pour son compte ou celui des propriétaires successifs, une assurance garantissant, en dehors de toute recherche des responsabilités, le paiement des travaux de réparation des dommages de la nature de ceux dont sont responsables les constructeurs (…). »

Sont donc explicitement concernés le maître de l'ouvrage, le vendeur d'immeuble à construire ainsi que le promoteur. Le vendeur de maison individuelle n'est pas contraint d'y procéder. Elle doit être souscrite au début du chantier.

L'assurance de responsabilité

L'assurance de responsabilité garantit les personnes dont la responsabilité peut être engagée dans le cadre de l'opération de construction. Elle est ainsi souscrite par le constructeur.

⚖ Côté Loi

Article L. 241-1-1 du Code des assurances

« *Toute personne physique ou morale dont la responsabilité peut être engagée sur le fondement de la présomption de responsabilité (...) à propos de travaux de bâtiments, doit être couverte par une assurance. (...) qui se maintient pour la durée de la responsabilité pesant sur la personne assujettie à l'obligation d'assurance.* »

Elle est donc obligatoire pour toutes les personnes susceptibles d'être responsables au titre de l'ouvrage (voir chapitre 12). Y sont soumis l'architecte, l'entrepreneur, le technicien, les personnes liées au maître de l'ouvrage par un contrat de maîtrise d'ouvrage, le constructeur de maison individuelle, le fabricant d'éléments d'équipement, etc.

Si vous choisissez de faire appel à un constructeur pour réaliser votre ouvrage, il est fondamental de vérifier qu'il a bien souscrit cette assurance de responsabilité à l'ouverture du chantier. En effet, la police d'assurance ne fonctionne que pour des chantiers ouverts après la date d'effet de la police.

Les garanties données par l'assureur

Là encore, ces garanties diffèrent selon le type d'assurance mis en cause. Il convient donc de distinguer l'assurance de dommages de l'assurance de responsabilité.

L'assurance de dommages

L'assurance de dommages ne couvre que ceux qui relèvent de la garantie décennale (voir chapitre 12), c'est-à-dire les malfaçons à l'ouvrage qui portent atteinte à la solidité ou à la destination de l'immeuble ou de l'un de ses éléments d'équipement indissociables. Elle ne couvre donc pas ce qui n'a pas été fait par le constructeur mais qui aurait dû l'être : les défauts de conformité ne sont pas pris en compte.

Elle ne permet pas de suppléer à la défaillance du constructeur. Par contre, les travaux qui n'ont pas été faits et dont l'absence a entraîné le dommage sont couverts.

En cas de litige, les juges doivent donc, au cas par cas, rechercher si c'est l'absence d'ouvrage qui a été la cause du dommage.

Enfin, il faut que le dommage soit matériel. Un trouble dans l'usage de la chose (par exemple une fuite d'eau) n'est *a priori* pas dans le champ d'application de l'assurance. Cependant, il est possible pour ces dommages de souscrire une assurance complémentaire.

À noter

Il convient de lire attentivement les dommages couverts tels qu'ils sont mentionnés dans le contrat d'assurance. Seuls ces dommages seront assurés.

Y a-t-il une franchise ?

Non. La franchise est légalement interdite dans les assurances de dommages.

Y a-t-il un plafond de garantie ?

Non. Le principe est celui de la garantie du paiement de la totalité des travaux de réparation des dommages.

L'assurance de responsabilité

Les faits couverts par l'assurance de responsabilité sont aussi ceux indiqués dans le contrat. Il est donc nécessaire d'y être particulièrement attentif. Néanmoins, le contrat doit garantir le paiement des travaux de réparation de l'ouvrage à la réalisation duquel l'assuré a contribué, lorsque la responsabilité de ce dernier est engagée sur le fondement d'un dommage à l'ouvrage (voir chapitre 12) à propos de travaux de bâtiment. L'assurance ne vise donc que les dommages auxquels l'assuré a contribué.

En outre, ne sont à la charge de l'assurance que les travaux de réparation.

Dans le cas de travaux sur des ouvrages existants, qu'advient-il si ces derniers sont endommagés à la suite des travaux ?

L'assurance supporte le coût des travaux de réparation si les travaux sont indissociables de l'ouvrage existant (par exemple lorsque, pendant une opération de ravalement permettant d'assurer l'étanchéité, le mur s'écroule).

Côté Cour

Cour de cassation - 29 février 2000
L'assurance des dommages causés aux existants

Dans cette affaire, la Cour de cassation relève que dès lors que la technique des travaux de bâtiment mise en œuvre par l'entrepreneur a provoqué des dommages de nature décennale dont les conséquences ont affecté aussi bien la partie nouvelle de la construction que la partie ancienne, l'assureur a l'obligation de garantir le paiement de la totalité des travaux de réparation nécessaires à la remise en état de l'ouvrage en son entier.

La déclaration du sinistre

Une fois le sinistre survenu, l'assuré est tenu de respecter les étapes de déclaration au risque que son assurance ne puisse pas être mise en œuvre. La première étape est de déclarer le sinistre.

À noter

À défaut de déclaration de sinistre, l'assureur ne garantit pas !

Cette obligation ne vaut cependant que pour l'assurance de dommages. La déclaration doit impérativement indiquer :
– le numéro du contrat d'assurance ;
– le nom du propriétaire de l'ouvrage endommagé ;
– l'adresse de la construction endommagée ;
– la date de réception ou de première occupation des lieux ;
– la date d'apparition des dommages ainsi que leur description et leur localisation.

Dans les dix jours, l'assureur peut vous demander de préciser certains points.

Pouvez-vous intervenir sur le choix de l'expert fait par votre assureur ?

Pas vraiment. Vous ne pouvez pas choisir votre expert. Cependant, vous avez le droit d'en récuser deux. Dans ce cas, il sera ensuite nommé par un juge. Cet expert va avoir pour mission de constater les dommages et de fixer le montant de leur réparation.

Exemple de déclaration de sinistre

Modèle

> Déclaration de sinistre dommages
> ouvrages N°...
> COMPAGNIE : (nom de la
> compagnie)
> N^{os} de police : PUC n°... ... ...
> Nom et adresse du courtier :
> Nom et adresse du souscripteur de
> la police :
> Bénéficiaire du contrat :
> Représenté par :
> Lieu de la construction sinistrée

À quelle date les désordres sont-ils apparus ?

Semaine n°32/ 2007

Description des désordres :

Infiltration d'eau au droit des joints de dilatation sur parking extérieur et sous dallage sur plots entraînant des chutes de flocage dans les parkings en sous-sol.

Les travaux ont-ils été reçus ?

Oui

Si oui, à quelle date ? :

16/07/06

Nom, adresse et téléphone de la personne à contacter pour le rendez-vous d'expertise :

Une fois cette déclaration effectuée, l'assureur va vérifier vos dires en envoyant un expert.

Si le dommage est pris en charge dans les soixante jours qui suivent le sinistre, l'assureur va vous notifier cette prise en charge. Si le sinistre est minime (inférieur à 1 500 €), le délai est ramené à quinze jours.

Qu'advient-il si l'assureur ne vous envoie pas la notification dans les délais ?

Il perd sa possibilité de contester sa garantie. De ce retard découle qu'il est tenu de prendre en charge le dommage.

L'assureur peut-il refuser de prendre en charge le dommage ?

Oui. Comme nous l'avons déjà mentionné, l'assurance est soumise à condition. Elle ne couvre pas tous les risques. Cependant, le refus doit être motivé. En outre, la décision de refus doit être fondée sur le rapport de l'expert si l'expertise était requise.

Que faire si l'assureur ne respecte pas ses obligations ?

Lorsque l'assureur ne respecte pas les délais prévus, l'assuré peut, après l'avoir notifié à l'assureur, engager les dépenses nécessaires à la réparation du dommage. Il convient cependant de faire attention au caractère nécessaire de ces dépenses. En effet, en cas de conflit avec l'assureur, ce sera au juge de trancher sur ce sujet... En tout état de cause, ces dépenses ne peuvent réparer que les troubles visés. Le principe en matière d'assurance est la réparation du dommage et non l'enrichissement de l'assuré... !

Une fois que l'indemnité vous a été versée, son utilisation est libre.

**Exemple de compte rendu
d'un expert à la suite
d'une expertise**

Modèle

*Monsieur ...
Ingénieur-Expert
25, rue de la Liberté
75010 Paris
Société (nom de la société)
Société d'arbitrage et d'expertise
technique*

Expertise « DOMMAGES – OUVRAGE »

Rapport du 25 juillet 2007

Assurance dommages – ouvrage :

Assuré :

Assureur :

Réf. Assureur :

Souscripteur :

N^{os} de police :

Opération de construction :

Type : IMMEUBLE D'HABITATION D.R.O.C. : 20/12/01

Coût total : Non communiqué

Réception : 20/01 – 16/07/2007

Adresse :

Déclaration : 14/08/2006

Dommages déclarés par l'assuré :

Infiltrations plafond parkings

Réunion sur place du 15/09/2007

Nom et qualité :

Opérations d'expertise

Description de l'ouvrage

L'opération est constituée de trois bâtiments à usage de bureaux R+6 sur un niveau de sous-sol.

Description des dommages – Infiltrations plafond parkings

Des traces de ruissellement et de concrétions sont observées sur le plafond du parking du bâtiment B au droit de la partie située au-dessus des emplacements et du joint de dilatation en zone circulation. Bien que non actives le jour de la réunion, les infiltrations semblent réelles et confirment qu'elles se matérialisent à chaque pluie importante.

Causes techniques

L'examen de la terrasse supérieure ne permet pas de mettre en évidence une origine certaine sur cette zone traitée en voirie. Néanmoins, il est constaté une dégradation importante de l'ensemble des joints élastomères garnissant les joints de dilatation.

Description des réparations

L'entreprise ... s'engage à procéder à la mise en œuvre de gouttières récupératrices en plafond du parking au droit des emplacements de stationnement concernés et à la réfection de l'ensemble des joints extérieurs dégradés (entre façades et zone de circulation).

Remarque importante

Le présent rapport ne préjuge en rien de la garantie du contrat. Pour connaître la décision prise par l'Assureur à ce sujet, il convient de se reporter au courrier de notification.

Signature de l'expert

Chapitre 12

Engager la responsabilité du constructeur

- Le défaut de conformité
- Le dommage à l'ouvrage
- Le non-fonctionnement d'un élément d'équipement
- Le désordre
- Le dommage intermédiaire
- Le produit défectueux
- Le retard dans la livraison
- Le manquement à l'obligation de conseil et d'information
- Le manquement à l'obligation d'assistance
- Le trouble anormal du voisinage

Nous avons vu dans les chapitres précédents que chacune des personnes ayant à sa charge tout ou partie de la construction est tenue par de multiples obligations.

Ainsi, en cas de problème rencontré sur l'ouvrage réalisé, nombreuses sont vos voies de recours.

Si ces voies de recours dépendent du type de dommage à l'ouvrage, elles ont toutes pour finalité une protection croissante de l'acquéreur. Pour certains dommages, il s'agit même d'une véritable garantie tant il est aisé de mettre en œuvre la responsabilité du constructeur.

Il convient donc d'analyser les types de dommages que vous pouvez rencontrer ainsi que les régimes de responsabilité qui s'y rapportent.

Le défaut de conformité

Le défaut de conformité a un champ d'application large puisqu'il peut concerner tous les intervenants dans l'opération de construction.

Chacun d'eux ayant conclu un contrat qui détermine précisément leur travail à réaliser sur l'ouvrage, toute inexécution aux obligations du contrat pourra faire l'objet d'une sanction.

Le défaut de conformité se définit en effet comme la livraison d'une chose techniquement correcte mais différente de celle promise au contrat.

Exemple

Par contrat, vous avez souhaité la construction d'un garage de 10 m de long afin de pouvoir y abriter vos deux voitures. Un garage vous est livré mais la longueur n'est pas de 10 m. La chose (le garage) est techniquement correcte, elle fonctionne normalement. Cependant, elle est différente de celle promise dans le contrat.
Il ne s'agit pas d'une malfaçon mais d'un défaut de conformité.

Il est très important de vérifier que tout ce qui est contractuellement prévu a été réalisé et ce, dans les moindres détails (par exemple les placards).

En outre, les juges ont une conception très extensive de ce que peut être un document contractuel. Entrent ainsi dans cette dernière catégorie le contrat, mais également ses annexes (plans, devis…) et, dans certains cas, le document publicitaire qui vous a décidé à opter pour l'ouvrage. Tout changement du contrat non consenti expressément par l'acquéreur constitue *a priori* un défaut de conformité.

C'est la raison pour laquelle figurent dans la plupart des contrats des marges de tolérance qui admettent un pourcentage d'erreur dans le calcul des dimensions ou les caractéristiques d'un matériau. Ces marges sont généralement fixées à 3 %.

En tout état de cause, les entrepreneurs ont une obligation de résultat sur l'ouvrage réalisé. Cette obligation de résultat signifie qu'ils sont légalement contraints de parvenir au résultat prévu dans le contrat. Seuls les architectes n'ont qu'une obligation de moyens : ils doivent tout mettre en œuvre pour réaliser la construction. Les entrepreneurs, eux, doivent y parvenir.

S'il s'agit bien d'un défaut de conformité et non d'une malfaçon, le délai pour intenter une action en justice est de trente ans à compter de la livraison de la construction.

Y a-t-il une condition de gravité pour pouvoir agir en justice en cas de défaut de conformité ?

Non. Toute différence par rapport à la norme contractuelle, aussi infime soit-elle, peut faire l'objet d'une action en responsabilité pour défaut de conformité.

Pour pouvoir agir en justice, devez-vous nécessairement subir un préjudice du fait de ce défaut ? Que se passe-t-il si le défaut vous permet néanmoins une utilisation normale de la chose ?

Il n'est pas nécessaire que le défaut vous gêne dans votre jouissance sur la chose. Le contrat a force de loi entre les parties et ce seul fondement suffit à mettre en cause la responsabilité du constructeur.

Est-il possible de prévoir par contrat une réduction du délai trentenaire pour agir ?

Il est vrai que compte tenu de la longueur du délai (trente ans pour agir sur le fondement du défaut de conformité), les praticiens tentent de réduire ces délais par des clauses contractuelles. Ces stipulations ne sont admises par les juges que pour les désordres apparents (par exemple une absence d'escalier). En revanche, pour les défauts de conformité cachés, ces clauses sont interdites.

L'action en défaut de conformité est-elle subordonnée à l'émission de réserves lors de la réception de l'ouvrage ?

Non. Et c'est justement là tout l'intérêt de cette action. Elle peut être intentée à compter de la livraison, c'est-à-dire avant la réception. C'est d'ailleurs un des seuls fondements juridiques dont vous disposerez avant la réception.

Comment s'évalue ma réparation ?

Les sanctions peuvent aller de l'exécution forcée (à savoir la remise de l'ouvrage en l'état où il aurait dû se trouver) à la résolution de la vente. Vous pouvez également obtenir des dommages et intérêts qui prendront alors en compte la perte de la valeur de l'ouvrage ainsi que son coût financier.

Le dommage à l'ouvrage

Il s'agit d'un dommage provoquant une atteinte sérieuse à l'ouvrage, affectant sa solidité ou le rendant impropre à sa destination. Un tel dommage entraîne une responsabilité directe du constructeur dont il aura beaucoup de mal à se dégager, si bien que l'on peut parler d'une véritable garantie de l'acquéreur. Ce dommage à l'ouvrage sera réparé s'il apparaît dans les dix ans à compter de la réception de l'immeuble.

Côté Loi

Article L. 111-13 du Code de la construction et de l'habitation

« Tout constructeur d'un ouvrage est responsable de plein droit, envers le maître de l'ouvrage ou l'acquéreur de l'ouvrage, des dommages, même résultant d'un vice du sol, qui compromettent la solidité de l'ouvrage ou qui, l'affectant dans un de ses éléments constitutifs ou l'un de ses éléments d'équipement, le rendent impropre à sa destination. »

Cette garantie est appelée « garantie décennale » dans la mesure où elle peut être mise en œuvre dans les dix années qui suivent la réception de l'ouvrage.

Les dommages relevant de la garantie décennale

Contrairement au défaut de conformité, il ne s'agit plus d'une incohérence comparativement aux prescriptions contractuelles mais d'une malfaçon. Il s'agit d'un vice caché qui va se révéler dans un délai de dix ans. À la lecture de l'article L. 111-13 reproduit ci-dessus, on peut conclure qu'un grand nombre de dommages peuvent relever de la garantie décennale.

Exemple

Un constructeur construit une maison tout à fait conforme aux dispositions du contrat. Les acquéreurs reçoivent l'ouvrage sans formuler de réserves. Il n'existe en effet aucun vice apparent.
Deux ans après cette réception, des infiltrations d'eau ont lieu dans le sous-sol. Ce dommage affecte évidemment la solidité de l'ouvrage ou, à tout le moins, rend le sous-sol impropre à sa destination puisque les propriétaires ne peuvent plus s'en servir. Il s'agit bien d'un dommage relevant de la garantie décennale. Il appartient au constructeur d'adapter le niveau des sous-sols à celui de la nappe souterraine afin d'éviter les inondations.

Attention, le constructeur n'est tenu au titre de la garantie décennale que des vices cachés lors de la réception, les désordres apparents relevant de la garantie de parfait achèvement.

Exemple

Vous faites procéder au ravalement de votre maison afin d'assurer l'imperméabilisation de l'immeuble. À la réception, apparaissent des fissures. Il s'agit bien d'une malfaçon, mais le vice est apparent et non caché. Il conviendra alors de formuler des réserves lors de la réception pour faire jouer la garantie de parfait achèvement.
Ce ne serait pas le cas si, par exemple, l'enduit utilisé, au fil des ans, n'assurait pas réellement l'étanchéité. Dans ce cas, le vice ne serait pas apparent mais caché.

Les dommages peuvent être très variés : il peut s'agir d'un dommage à l'ouvrage résultant d'un vice du sol, mais également d'un dommage à un élément d'équipement indissociable de l'ouvrage.

Qu'est-ce qu'un élément d'équipement indissociable ?
L'élément indissociable est celui qui est ancré dans l'ouvrage. Cela signifie que son enlèvement entraînerait une altération de l'ouvrage. Cet élément doit faire corps avec l'ouvrage. À titre d'exemple, une chaudière équipée d'un brûleur et d'une cuve enterrée est un élément d'équipement indissociable.

En résumé, trois cas d'atteinte à l'ouvrage constituent un dommage réparable sur le fondement de la garantie décennale. Le dommage doit affecter la solidité de l'ouvrage ou le rendre impropre à sa destination ou encore affecter la solidité d'un élément d'équipement indissociable.

■ Premier cas

Le dommage compromettant la solidité de l'ouvrage suppose un sinistre d'une particulière gravité. À titre d'exemple, des éclats de ciment sur les murs ne portent pas atteinte à la solidité de l'ouvrage, contrairement au défaut d'étanchéité entraînant des infiltrations d'eau dans les murs.

■ Deuxième cas

Le caractère d'un dommage rendant l'ouvrage impropre à sa destination est apprécié largement par les juges, qui tiennent compte de la destination première de l'immeuble décidée par les parties. Sont ainsi constitutifs d'une impropriété de destination le non-respect des règlements de sécurité, la mauvaise implantation de la construction ou des défauts du sol. Les juges sanctionnent tant l'inaptitude que la dangerosité de l'immeuble considéré.

■ Troisième cas

L'affectation de la solidité d'un élément d'équipement indissociable est soumise à deux conditions :

- l'affectation de la solidité des éléments d'équipement du bâtiment ;
- le caractère indissociable de cet élément.

C'est la distinction entre la garantie décennale et la garantie biennale.

Les constructeurs soumis à la garantie décennale

Là encore, la portée du texte est suffisamment large pour permettre une indemnisation maximale de l'acquéreur. Tous les intervenants à l'opération de construction, qu'ils soient vendeurs d'immeubles à construire, constructeurs de maisons individuelles, entrepreneurs, promoteurs ou architectes en sont redevables.

Côté Loi

Article L. 111-14 du Code de la construction et de l'habitation

« *Est réputé constructeur de l'ouvrage :*
- *1° Tout architecte, entrepreneur, technicien ou autre personne liée au maître de l'ouvrage par un contrat de louage d'ouvrage ;*
- *2° Toute personne qui vend après achèvement un ouvrage qu'elle a construit ou fait construire ;*
- *3° Toute personne qui, bien qu'agissant en qualité de mandataire du propriétaire de l'ouvrage, accomplit une mission assimilable à celle d'un locateur d'ouvrage.* »

À cette liste, il convient d'ajouter les fabricants des éléments d'équipement indissociables.

Le régime de la garantie décennale

Le point de départ de la garantie décennale, qui, comme son nom l'indique, dure dix ans, est la réception de l'ouvrage. La réception est l'acte par lequel l'acquéreur déclare accepter l'ouvrage avec ou sans réserves. À compter de la date de réception, si votre construction fait l'objet d'une malfaçon, vous pouvez engager la responsabilité des constructeurs sur le fondement de la garantie décennale. Peu importe que vous mettiez en cause celui qui est réellement responsable de la malfaçon : il lui appartiendra de se retourner contre le véritable responsable.

S'agissant de la réparation du dommage, le principe est celui de la réparation intégrale. L'ouvrage objet des désordres doit être remis à l'identique et ce, quand bien même cela entraînerait une réfection totale. Le but est de rendre l'ouvrage conforme à sa destination. Peu importe le coût que devra supporter le constructeur. Les juges estiment qu'il convient de replacer le maître de l'ouvrage dans la situation où il se serait trouvé si l'immeuble avait été livré sans vice.

Le non-fonctionnement d'un élément d'équipement

Dans cette catégorie, seuls sont visés les éléments d'équipement dissociables de l'immeuble. Pour mémoire, les éléments d'équipement indissociables relèvent de la garantie décennale. Les autres font l'objet d'une garantie générale de bon fonctionnement d'une durée de deux ans à compter de la réception de l'ouvrage.

Exemple

Vous avez souhaité que votre nouvelle maison fonctionne au chauffage électrique. Le chauffage ne fonctionne pas. Cette malfaçon rend l'ouvrage impropre à sa destination. Seule la garantie décennale s'applique.
En revanche, si vous êtes chauffés au gaz et que le bon fonctionnement de l'élément d'équipement nécessite seulement le remplacement de la chaudière, la garantie biennale de bon fonctionnement va pouvoir s'appliquer.

Le bon fonctionnement peut être défini comme l'aptitude à remplir une fonction (par exemple un ascenseur qui ne marcherait pas). Cependant, les juges ont étendu l'application de la garantie biennale au mauvais fonctionnement de l'élément (par exemple une chaudière qui consomme beaucoup plus qu'elle ne le devrait normalement).

Côté Loi

Article L. 111-16 du Code de la construction et de l'habitation

« Les autres éléments d'équipement du bâtiment font l'objet d'une garantie de bon fonctionnement d'une durée minimale de deux ans à compter de la réception de l'ouvrage. »

Le désordre

Dans certains cas, des désordres sont apparents lors de la réception. Vous allez ainsi émettre des réserves sur ces points. D'autres anomalies vont se révéler dans un délai d'un an à compter de la réception. Ces désordres ne portent pas atteinte à la solidité de l'ouvrage et ne le rendent pas impropre à sa destination (dans ce cas, seule la garantie décennale serait applicable). Si tel est le cas, vous allez pouvoir bénéficier de la garantie de parfait achèvement. Cette garantie dure un an à compter de la réception et impose au constructeur de réparer le désordre.

Dès que vous vous rendez compte d'un désordre pendant ce délai d'un an à compter de la réception, il convient de le notifier immédiatement par écrit, sous la forme recommandée avec accusé de réception, à l'entrepreneur qui a réalisé la construction. En effet, c'est la date de votre courrier qui va importer. La garantie doit être mise en œuvre pendant le délai d'un an qui suit la réception. Cependant, il ne faut pas que le désordre résulte d'une usure normale de l'ouvrage.

Exemple

Vous vous installez dans votre maison, qui se situe près de l'aéroport de Roissy, et vous vous rendez compte du bruit à chaque passage d'un avion. Ce désordre n'a pas fait l'objet de réserve dans le procès-verbal de réception. Il convient alors de le notifier à l'entrepreneur dans un délai d'un an à compter de la date figurant sur votre procès-verbal de réception. En effet, l'entrepreneur est tenu de mettre votre ouvrage aux normes en matière d'isolation phonique. Il sera donc tenu de procéder aux travaux y afférents.

Le dommage intermédiaire

Les dommages intermédiaires sont soit ceux ne revêtant pas le caractère de gravité requis par la mise en œuvre de la garantie décennale, soit ceux ne portant pas atteinte à la solidité de l'ouvrage et ne le rendant pas impropre à sa destination. Ils comprennent notamment les dommages esthétiques.

Le délai pour mettre en œuvre la responsabilité des constructeurs en cas de dommage intermédiaire est de dix ans à compter de la réception de l'ouvrage.

Exemple

Vous demandez à un entrepreneur de réaliser la façade extérieure de votre construction. À cet effet, il applique un enduit. Or, à l'usage, cet enduit colore en rose votre façade. Deux ans après la réception de l'ouvrage, la couleur devient de plus en plus prononcée. Que faire ?

Vous ne pouvez pas agir sur le fondement de la garantie de parfait achèvement étant donné d'une part, que le délai d'un an est passé et, d'autre part, qu'il ne s'agit pas d'un désordre.

Vous ne pouvez pas non plus agir sur le fondement décennal puisque, *a priori*, il n'y a ni atteinte à la solidité de l'ouvrage ni impropriété de destination.

Vous allez donc agir sur le fondement de la responsabilité pour dommage intermédiaire.

Le produit défectueux

Au-delà des constructeurs, vous pouvez également engager la responsabilité du fabricant du produit qui vous a causé un dommage.

Exemple

Vous décidez de chauffer votre maison au gaz. Une chaudière est installée à cet effet. Elle fonctionne tout à fait normalement. Un jour, elle explose, vous blessant grièvement. Il s'agit alors d'une défectuosité de votre chaudière. Le fabricant est responsable du fait de son produit défectueux.

Dès lors que le produit ne présente pas la qualité à laquelle vous pouvez légitimement vous attendre, vous pouvez agir sur ce fondement. Il faudra cependant prouver le dommage et le préjudice que vous avez subi du fait de cette défectuosité.

Le retard dans la livraison

Comme nous l'avons déjà indiqué à plusieurs reprises, le constructeur est tenu de respecter les délais qu'il a prévus contractuellement. Dans le cas contraire, il s'agit d'un manquement à ses obligations contractuelles, c'est-à-dire d'une inexécution. Sa responsabilité pourra alors être engagée sur ce fondement.

La sanction sera sévère puisque le juge peut vous octroyer des dommages et intérêts conséquents et même prononcer, en cas de retard ne laissant pas auguer l'achèvement de la construction, la résiliation du contrat (sur les pénalités de retard et les clauses d'aménagements de la responsabilité, voir les chapitres concernant les différents contrats).

Qu'advient-il si le contrat que vous avez conclu ne mentionne aucun délai ?

L'entrepreneur est tout de même tenu d'agir ! L'absence de délai précisé n'aboutit pas à la non-responsabilité. Ainsi, en vertu de son obligation générale de bonne foi, l'entrepreneur doit terminer les travaux dans un délai raisonnable.

Le manquement à l'obligation de conseil et d'information

En sa qualité de professionnel particulièrement qualifié dans le domaine pour lequel vous avez fait appel à lui, l'entrepreneur est tenu d'une obligation de conseil à votre égard. En effet, les juges considèrent qu'il est capable d'apprécier la faisabilité de la construction et donc de vous renseigner et/ou de vous aider dans vos choix.

L'architecte est tenu à une obligation similaire qui peut même être renforcée s'il assure la coordination des travaux pour votre compte. Cette obligation de conseil concerne tant les difficultés techniques que financières que la construction va générer.

Les intervenants à l'opération de construction seront ainsi tenus de vous avertir des éventuels points délicats. En cas de manquement, ces personnes sont susceptibles de voir leur responsabilité engagée.

Le manquement à l'obligation d'assistance

L'architecte ou le maître d'œuvre a pour mission de vous assister lors de la réception de l'ouvrage. Cette mission leur impose de relever les désordres, malfaçons et défauts de conformité apparents et de vous conseiller s'agissant de la formulation des réserves. La responsabilité encourue est principalement contractuelle. Les juges considèrent en effet que cette mission est inhérente à leur contrat.

Le trouble anormal du voisinage

Cette action repose sur le principe selon lequel *nul ne doit à causer à autrui de trouble excédant les inconvénients normaux de voisinage*. Ainsi, lorsque vous causez un trouble anormal à votre voisin ou lorsque celui-ci vous en cause un, votre responsabilité ou la sienne peut être engagée sur ce fondement.

Il en va ainsi par exemple des nuisances dues à un chantier. Le seul fait à démontrer est que ce trouble excède les inconvénients normaux du voisinage.

Annexe

Faire face à la faillite de l'entrepreneur

Faites attention à la santé financière de votre entrepreneur principal ! Malheureusement, de nombreuses sociétés de construction déposent le bilan. D'où la nécessité de vous renseigner sérieusement.

Les informations sur une entreprise sont disponibles au registre du commerce et des sociétés que vous pouvez consulter au greffe du tribunal de commerce dans le ressort duquel se situe le siège de l'entreprise. Cette information est normalement indiquée sur le papier à en-tête de l'entreprise. Certains sites internet (www.societe.com, www.infogreffe.fr) peuvent vous fournir les informations recherchées.

Toutes les entreprises auxquelles vous vous adressez doivent impérativement être inscrites à ce registre.

Avant de confier la réalisation de vos travaux à un entrepreneur, il est important de s'assurer qu'il n'est pas au bord de la faillite. Si vous n'avez pas pris le soin de faire cette démarche, si les travaux sont en cours d'exécution, et si l'entreprise semble en difficulté financière, il se peut qu'elle se trouve en redressement ou en liquidation judiciaire (dans le langage courant appelé faillite ou dépôt de bilan).

Dans cette dernière hypothèse, il est fondamental de déclarer votre créance. En effet, lorsque vous avez avancé les fonds de travaux non encore réalisés, et qui ne le seront jamais par votre entrepreneur du fait de sa situation financière, il faut entrer en contact avec le représentant des créanciers.

Lorsqu'une entreprise est mise en redressement ou en liquidation judiciaire, un représentant des créanciers est nommé par le tribunal de commerce. Celui-ci a pour mission d'établir le passif (les dettes) de l'entreprise afin que le maximum de créanciers soient remboursés. Ainsi, en déclarant votre créance à ce représentant des créanciers, vous aurez peut-être une infime chance de recouvrer, un jour, votre avance de fonds…

La déclaration de créance doit être adressée audit représentant par courrier envoyé sous la forme recommandée avec accusé de réception, dans un délai de deux mois à compter de la date du jugement d'ouverture de la procédure collective (qui vous sera indiquée au greffe).

Attention : passé ce délai, vous perdriez tout droit à récupérer votre créance.

Cette déclaration doit en outre préciser le montant de la créance, ce à quoi elle correspond avec, en copie, l'ensemble des justificatifs nécessaires à en établir la preuve.

Quoiqu'il en soit, l'aide d'un avocat peut, à ce stade, vous être précieuse...

Bibliographie et adresses utiles

Bibliographie

Pour les non professionnels, les manuels juridiques sont difficiles d'accès et semblent donc à proscrire. Vous pouvez cependant vous référer à :

Bernard Drobenko, *Droit de l'urbanisme*, Gualino, 3e édition 2006.

Philippe Malinvaud, Philippe Jestaz, Patrice Jourdain et Olivier Tournafond, *Droit de la promotion immobilière*, Dalloz, 7e édition 2004.

Jean-Bernard Auby et Hugues Périnet-Marquet, *Droit de l'urbanisme et de la construction,* Montchrestien, 7e édition 2004.

Isabelle Savarit-Bourgeois, *L'essentiel des droits de l'urbanisme*, Gualino, 4e édition 2006.

Et pour des conseils pratiques :
Ouvrage collectif, *Construire ou rénover sa maison*, Denoël, 2002.

Adresses utiles

En dehors de votre mairie, n'oubliez pas que la Direction départementale de l'Équipement fixe les règles de construction dans la région de sa compétence. Elle pourra constituer une mine d'informations.

Le ministère de l'Équipement peut également fournir de nombreux renseignements utiles, notamment sur les différentes normes (www.equipement.gouv.fr).

Vous pouvez aussi consulter les sites Internet spécialisés suivants :
- ANIL (Agence nationale pour l'information sur le logement : www.anil.org)
- Fédération française du Bâtiment (http://www.ffbatiment.fr – 33 avenue Kléber - 75784 Paris Cedex 16 – Tél. : 01 40 69 51 00)
- Fédération Maisons de Qualité (http://www.maisons-qualite.com – Siège : 8, rue Louis d'Or - 35000 Rennes – Tél. 02 99 65 18 22).
- Qualibat (http://www.qualibat.com - Organisme de qualification et de certification des entreprises du bâtiment – 55 avenue Kléber - 75784 Paris Cedex 16 – Tél. : 01 47 04 26 01).

Index

A

abandon de chantier 93
acceptation tacite 81
acheteur 124
achèvement 126
achèvement des fondations 108
achèvement des murs 108
achèvement des travaux d'équipement 108, 137
acquéreur 32, 116, 120, 123, 129
acquisition du terrain 105
acte authentique 123, 136
acte notarié 33
acte sous seing privé 103, 136
action en garantie contre les vices cachés 155
action en justice 16, 127, 172
action en responsabilité contractuelle 97
activité professionnelle 33
affichage en mairie 80
allocation de dommages et intérêts 92
annexes 15, 124, 137, 171
annuaire des architectes 148
antennes 71

architecte 32, 45, 60, 87, 90, 92, 94, 104, 143, 144, 145, 146, 147, 148, 160, 172, 176, 181
aspect extérieur 70
assurance de dommages 105, 111, 158, 160, 161, 162
assurance de groupe 38
assurance de responsabilité 158, 160, 162
assurances 39
astreinte 93
attestation d'avancement des travaux 124
attestations 85
augmentation du prix 90
autorisation administrative 105
autorisation de construire 60
avancement des travaux 104
avant-projet 145
avant-projet définitif 145

B

Bâtiments de France 60
bons pour paiement en blanc 112
budget 145

C

cadastre 10, 11
capital 38
caractéristiques techniques 104, 111, 137
caravanes 45
cas de force majeure 105
cas fortuits 105
catalogue 103, 112, 151
causes légitimes de retard 105
caution 38, 39
cautionnement 38, 128, 140
certificat d'achèvement 81
certificat d'urbanisme 10, 17, 18, 24, 25, 48
certificat de conformité 64, 85
certificats 85
chalet 151
châssis 69
choix de l'ouvrage 92
choix des matériaux 91
choix du marché 90
circulation aérienne 71
circulation ferroviaire 71
circulation maritime et fluviale 71
circulation routière 71
clause de dédit 91

clause de majoration des délais 124
clause de révision 125
clause pénale 93
clause résolutoire 140
clauses contractuelles 140, 172
clauses de retard 129
clauses non écrites 104
clauses réputées non écrites 111
clefs en mains 150, 154
clôture 26
coefficient d'occupation des sols 14
condition suspensive 31, 32, 33, 36, 105, 111, 112, 119
condition suspensive d'obtention du prêt 38, 89
conditions de paiement 96
conformité 104
consignation du solde 127
consistance 104, 111, 119, 137
constructeur 32, 36, 37, 92, 94, 96, 97, 100, 102, 103, 104, 105, 106, 108, 109, 111, 112, 114, 116, 117, 118, 124, 134, 140, 152, 153, 154, 160, 161, 169, 170, 172, 173, 174, 176, 177, 178, 180
construction à forfait 90
construction d'un immeuble 101
construction de maison individuelle 32, 38, 100, 101, 102, 107, 109, 111, 134, 151, 152, 153, 155
constructions existantes 69
contrat 32, 34, 35, 36, 38, 86, 87, 89, 90, 91, 92, 93, 94, 95, 96, 97, 100, 101, 102, 103, 104, 105, 106, 107, 108, 109, 111, 112, 114, 115, 116, 117, 118, 119, 120, 121, 122, 123, 124, 125, 126, 128, 129, 132, 133, 134, 135, 136, 137, 138, 139, 140, 141, 144, 146, 147, 148, 151, 152, 153, 154, 155, 160, 161, 162, 163, 164, 167, 171, 172, 174, 176, 180, 181
contrat d'entreprise 86, 89, 94, 111, 153
contrat d'étude préliminaire 136, 137
contrat de construction de maison individuelle 97, 100, 102, 103, 138
contrat de construction de maison individuelle avec fourniture de plan 38, 100, 101, 102, 134
contrat de construction de maison individuelle sans fourniture de plan 100, 109, 111, 134
contrat de louage d'ouvrage 86, 89, 144, 153, 176
contrat de maîtrise d'œuvre 144, 148
contrat de promotion immobilière 132, 133, 134, 135, 136, 137, 141, 155
contrat de promotion immobilière est exclu 135
contrat de sous-traitance 93, 95, 97
contrat de vente 35, 36, 38, 102, 103, 114, 115, 117, 118, 119, 120, 121, 122, 123, 125, 128, 135, 152, 153, 154, 155
contrat de vente à terme 122
contrat de vente d'immeuble 135
contrat de vente d'immeuble à construire 102, 103, 114, 115, 117, 118, 122, 123, 125, 135
contrat de vente définitif 121
contrat de vente en l'état futur d'achèvement 122
contrat définitif 122
contrat écrit 103
contrat préliminaire 36, 87, 103, 117, 118, 119, 120, 121, 123, 125
contrat principal 93, 96
contrat verbal 89
contrats d'architecte 32
contrats d'entreprise 84, 86
contrats de construction 100
contrats de construction de maison individuelle 96
contrats de louage d'ouvrage 84, 133
contrats de sous-traitance 96
contrôle de l'administration 81
contrôle des constructeurs. 86
coordination 85
copropriété 72
COS 14
cotes 137
coupes 137
coût du bâtiment 104
crédit immobilier 32

D

date d'ouverture du chantier 104
débiteur principal 38
début du chantier 108

Index

décision expresse 81
déclaration d'achèvement 64
déclaration d'achèvement des travaux 64
déclaration d'ouverture du chantier 62
déclaration de travaux 45, 69, 71, 80
déclaration du sinistre 163, 164
déclaration préalable 68, 69, 71, 72, 80
décompte final 92
décomptes 92
dédommager 91
défaut 109
défaut de conformité 124, 171, 172, 173, 174
défaut de paiement 129
défauts de conformité cachés 172
déférer la décision 63
dégagements 119
délai 16, 18, 34, 35, 36, 39, 59, 60, 62, 63, 64, 80, 81, 92, 95, 97, 104, 107, 108, 109, 111, 112, 114, 115, 117, 119, 120, 121, 123, 124, 126, 136, 138, 165, 172, 178, 179, 180, 186
délai d'achèvement 126
délai d'exécution 111, 119
délai d'exécution des travaux 97, 104
délai d'instruction 59, 80
délai de livraison 123, 126
délai de réflexion 36
délai de rétractation 112, 120, 123, 136
délivrance de l'immeuble 126
demande de permis de construire 45, 61

démarchage à domicile 101, 103
dépassement 138
dépassement des délais. 127
dépendances 119
dépôt 103, 118, 121
dépôt de garantie 36, 108, 119, 120, 121, 122, 125
dépôt du dossier 72
description 123
description des travaux 97
désignation 104, 111
désignation de la construction 97
désordres apparents 172, 174
destination 69
destruction de l'ouvrage 64, 82
devis 86, 87, 88, 137, 171
devis descriptif 87, 88, 137
devis descriptif quantitatif estimatif. 87
devis préparatoires 86
devis quantitatif 87
devoir de conseil 92
document annexe au contrat 87
document publicitaire 171
documentation cadastrale 11
dommage à l'ouvrages 173
dommages 34, 36, 63, 92, 93, 98, 122, 127, 140, 158, 159, 161, 162, 163, 164, 165, 166, 167, 170, 173, 174, 175, 177, 179, 180
dommages et intérêts 36, 93, 122, 127, 173
dossier 45
dossier de déclaration 68

dossier de déclaration préalable 72
droit de passage 27
droits réels 104

E

échéancier 38, 92, 108, 109, 111, 125, 129, 137, 140
échéancier des paiements 111
échelonnement 125
électricité 72
élément d'équipement indissociable 175
élévations 137
employeur provisoire 85
en kit 152
entrepreneur 14, 35, 84, 85, 86, 87, 89, 90, 91, 92, 93, 94, 95, 96, 97, 98, 100, 101, 102, 103, 111, 112, 123, 128, 135, 146, 150, 160, 162, 176, 178, 179, 180, 183, 185
entrepreneur pendant un délai de 30 ans. 97
entrepreneur principal 94, 96
entrepreneurs 84, 86, 91, 102, 133, 134, 137, 139, 140, 145, 146, 147, 172, 176
entreprise principale 96
équipements 87
état d'avancement 92
état d'avancement des travaux 137
état de section 11
état de situation 92
exemptés du permis de construir 69
expert 127, 163, 165, 166, 167
expiration du délai de l'instruction 81

F

facture 87
faute contractuelle 126
fichier immobilier 136
finitions 150, 152, 153
fondations 112, 125, 137
forfaitaire et définitif 104
formulaires 89
formule simplifiée de permis de construire 45
fourniture de plan 102
fraude 153

G

garantie 38, 97, 103, 104, 105, 106, 108, 111, 119, 125, 127, 128, 138, 140, 141, 147, 155, 161, 165, 167, 170, 173, 174, 175, 176, 177, 178, 179
garantie bancaire 128
garantie biennale 176
garantie d'achèvement 128
garantie d'éviction 155
garantie de bonne exécution 140
garantie de bonne fin 127
garantie de livraison 104, 105, 111
garantie de parfait achèvement. 174, 178
garantie de remboursement 108, 128
garantie décennale 161, 174, 175, 176
garantie extrinsèque 128
garantie intrinsèque 128
garanties 38, 128
garanties de bonne fin 123, 127
garanties de remboursement et de livraison 104
gaz 167
gros œuvre 10, 111

H

habitations légères de loisirs 71
hauteur 69
honoraires 32, 144, 147

I

immeuble 115
immeuble à usage d'habitation 115
immeuble clé en main 134
immeuble d'habitation 89, 102
immeuble existant 69
immeubles classés monuments historiques 69
indemnités par jour de dépassement de délai 93
index national du bâtiment. 125
indexation 39
indice BT01 112, 125
infraction 82
installations techniques 71
instruction de la demande de permis de construire 59
insuffisance d'insonorisation 126
intempéries 105
intérêt personnel et direct 63
intérêts 38
intermédiaire 135, 179
interruption de travaux 81
ISO 9000. 86

J

journal officiel 112, 125

L

label maisons de qualité 112
labels de qualité 85
lettre de mise en demeure 140
lettre de notification 59, 60
levée des réserves 109
liens contractuels 97
liquidation judiciaire 146, 185
litige 89, 104
livraison de l'ouvrage 139
livraison de la construction 106, 172
livraison du bâtiment 137
loi solidarité et renouvellement urbains 11
louage d'ouvrage 116

M

maçonnerie 87
mairie 11, 12, 16, 18, 45, 48, 61, 62, 64, 72, 80, 81
maison clefs en mains 154
maison en kit 151, 152
maison individuelle 45, 87
maison prête à finir 152, 154
maison prête à monter 152
maisons en kit 150, 152
maisons préfabriquées 150
maître de l'ouvrage 34, 37, 84, 91, 92, 93, 94, 95, 96, 97, 98, 100, 101, 102, 103, 104, 105, 108, 109, 111, 133, 136, 137, 139, 140, 144, 145, 146, 147, 159, 160, 173, 176, 177
maîtres d'œuvres 144

Index

malfaçon 87, 97, 129, 147, 153, 161, 171, 172, 174, 176, 177, 181
mandat 105, 133
marché à forfait 90, 91
marché au métré 90, 91
marché public 94
marques 85
matériaux 85, 86, 87, 90, 91, 108, 120, 125, 145, 146, 152, 172
matériaux de construction 87
matrice 11
mesure de publicité 80
mise en demeure 95, 108
mise hors d'air 108, 111
mise hors d'eau 108, 111, 125, 137
mitoyenneté 26
mobile home 45, 71
modalités de financement 104, 137
modalités de paiement 123
modalités de règlement 97, 104, 124
modalités de révision 97
modèle de contrat, 89
modification du contrat 112
montage 151
montant du crédit 39
moyens de mobilité 45

N

NF 85
NF Maison Individuelle 112
nombre de pièces 119
non-conformité 97, 129
norme AFNOR P 03 001 89
notaire 103, 136
nullité du contrat de vente 117
numéro d'enregistrement de la demande 59

O

obligation d'assurance 148, 160
obligation d'édifier 138
obligation d'information 139
obligation de conseil 91, 145, 146, 180, 181
obligation de conseil et d'assistance 145
obligation de moyens 172
obligation de résultat 106, 172
obligation du promoteur 138
obligation générale de conseil 139
obligations de l'acheteur 124
obligations de l'architecte 145
obligations des parties 121
obligations du constructeur 106
obligations du contrat 123
obligations du maître de l'ouvrage 108
obligations du promoteur 138
obligations du vendeur 123
obligations légales du constructeur 108
obligations techniques 61
occupation du sol 43
ordre des architectes 148
ordre écrit 91
organisme prêteur 36
ouverture de crédit. 140
ouverture du chantier 108
ouvrages existants 70
ouvriers 85

P

paiement du prix par l'acquéreur 129

paiement échelonné 92
paiements 94, 108, 125, 137, 153
papier à en-tête 87
parcelle 11, 25
parcs de loisirs 71
pénalité 104, 109, 111
pénalités de retard 93, 97, 129
percements d'ouvertures 27
permis de construire 13, 16, 24, 34, 41, 42, 43, 45, 48, 59, 61, 62, 63, 64, 68, 69, 70, 71, 80, 81, 82, 85, 104, 105, 144, 145
pièces de service 119
piscines non couverte 69
plan 9, 10, 11, 12, 13, 14, 15, 16, 18, 60, 87, 90, 100, 101, 102, 103, 106, 109, 111, 124, 134, 137, 150, 151, 152, 153, 171
plan cadastral 11
plan d'occupation des sols 9, 10, 11, 12, 13, 15, 60
plan de pose 150, 152
plan local d'urbanisme 10, 11, 12, 15, 60
plans d'assemblage 151
plans de la construction 134
plantations 27
PLU 12, 16
porte 70
POS 11, 12, 16
préfabriquées 152
préfet 63
préjudice 63, 107, 127, 172, 180
prescriptions techniques 105
prêt immobilier 30, 38
prêtes à finir 150
prêts 105, 120, 121

prix 30, 31, 32, 33, 86, 87, 90, 97, 104, 105, 106, 108, 111, 112, 118, 119, 120, 121, 123, 124, 125, 126, 127, 129, 133, 137, 138, 139, 140, 141, 147, 151, 153, 155
prix convenu 104, 111
prix global et définitif 90
prix prévisionnel 120
procédure de déféré 64
procuration 116
procuration indirecte 116, 117, 135
programme de construction 134
projet de construction 134
promesse de vente 105
promoteur 94, 131, 132, 133, 134, 135, 136, 137, 138, 139, 140, 141, 159
promoteur de fait 135
promoteur immobilier 133
propriétaire 100
propriétaire du terrain 102
propriété agricole 33
propriété foncière 11
protections légales 89
publicité 81, 101, 103, 112
publicité foncière 136
pylônes 72

Q

qualibat. 86
qualité de la construction 120
qualité des existants 92

R

raccordements 104
raison sociale 87
ravalement 69, 71
réception 109

réception de l'immeuble 112
réception de l'ouvrage 109
réception des travaux 105, 147
recours 15, 16, 35, 42, 48, 62, 63, 64, 68, 82, 92, 93, 144, 170
recours au permis 48
recours contentieux 62, 82
recours en justice 63
recours en plein contentieux 63
recours gracieux 63
recours juridictionnel 62, 82
recours pour excès de pouvoir 63
reddition des comptes 139
redressement 128, 146, 185
réduction du prix 93
références de chantier 86
régime de la déclaration préalable 72
règlement de copropriété 72
réglementation du travail 85
règles d'urbanisme 81
règles d'urbanisme et de construction 145
règles de construction 104
règles protectrices de l'acquéreur 89
régularité d'un permis de construire 62
remboursement du dépôt de garantie 105
remise des clefs 105
renégocier 39
requalification du contrat 102
requête en instruction 60
réservataire 120, 121, 122

réserves 105, 109, 112, 147, 173, 174, 176, 178, 181
résiliation de la vente 127
résiliation du contrat. 92
respect du délai 92
responsabilité 36, 37, 43, 87, 92, 94, 97, 98, 100, 102, 124, 139, 146, 152, 153, 158, 159, 160, 162, 169, 170, 172, 173, 176, 179, 180, 181
responsabilité de l'entrepreneur 92
responsabilité de la construction 100
responsabilité délictuelle 98
responsabilité du constructeur 87, 97
responsabilités juridiques 85
responsabilités techniques 85
retard de l'entrepreneur 93
retard de paiement 109
retenue de garantie 93
révision 112, 125
rix convenu 97

S

sanction 92, 111, 122
sanctions 117, 127
secteur libre 119, 122, 136
secteur protégé 114, 116, 119, 123, 124, 136
serres 69
services publics 69, 71
servitudes 9, 12, 15, 25, 26
seuil d'usure 39
SHON 14, 48, 71
signature du contrat 103, 108
sinistre 163, 164, 165, 175
sinistres 158
situation 119, 136

socotec qualité 86
solde 109, 125, 126, 127, 129, 138, 153
solidité de l'ouvrage 173, 174, 175, 178, 179
solvabilité 146
sous-traitance 93, 94
sous-traitant 94, 95, 96, 97, 98
sous-traitant. Pourra t-il alors engager sa responsabilité ? Et si oui, sur quels fondements ? 97
sous-traiter 93
SRU 11, 15
ssurance de dommages 104
stopper les travaux 91
suivi des travaux 85
superficie 69
surface de plancher 70
surface de plancher hors œuvre nette 14, 144
surface habitable 119

T

taux d'intérêts 39
taux effectif global 39

taxe locale d'équipement 48
télécommunication 72
terrains de camping 71
terrains de caravanage 71
titre de propriété 104
transfert de propriété 116
travaux de construction 84
travaux de faible importance 69
travaux soumis à déclaration préalable 69
travaux soumis au permis de construire 43
travaux supplémentaires 91
tribunal administratif 62

U

usage professionnel et d'habitation 115

V

vendeur 36, 94, 114, 115, 116, 117, 118, 119, 120, 121, 122, 123, 124, 125, 126, 127, 128, 129, 135, 141, 150, 151, 152, 154, 155, 159
vente à terme 118, 125, 126, 127
vente d'immeuble à construire 32, 36, 115, 116, 118, 120, 141, 150, 153, 154, 155
vente en l'état futur d'achèvement 118, 126, 127
versement 103
versements anticipés 111, 117, 118
versements d'argent 103
VIC 115
vice apparent 174
vice caché 155, 174
vues 27

Z

zonage 12
zone A 13
zone N 13
zones AU 13
zones urbaines 12, 13

Table des matières

Introduction 7

Chapitre 1 : Choisir son terrain 9

Consulter le cadastre 11

Consulter le plan d'occupation des sols
ou le plan local d'urbanisme 11

    Le coefficient d'occupation des sols 14
    La présentation du plan local d'urbanisme 15
    Les recours contre le plan local d'urbanisme 15

Demander un certificat d'urbanisme 17

Vérifier l'existence de servitudes 25

    Les servitudes d'urbanisme 25
    Les servitudes de voisinage 26
        ▪ La mitoyenneté 26
        ▪ Les clôtures 26
        ▪ Les plantations 27
        ▪ Les vues et percements d'ouvertures 27
        ▪ Le droit de passage 27

Chapitre 2 : Obtenir un prêt 29

Bénéficier d'un régime protecteur 31

Subordonner la construction à l'obtention du prêt 33

    Fournir des garanties 38

Chapitre 3 : Demander un permis de construire 41

Les travaux soumis au permis de construire 43

    Champ d'application du permis de construire 44

Les constructions nouvelles dispensées de formalités 44
Les travaux sur constructions existantes 44
Le dossier de demande de permis de construire 45
Composition du dossier de permis de construire 45
L'instruction de la demande de permis de construire 59
L'autorisation de construire 60
Les recours contre le refus de délivrance du permis 62
Le recours pour excès de pouvoir 63
Le recours en plein contentieux 63
La déclaration d'achèvement des travaux 64
Le certificat de conformité 64

Chapitre 4 : Déclarer ses travaux 67

Les travaux soumis à déclaration préalable 69
Les travaux de faible importance 69
Les travaux de ravalement 71
Les travaux sur des monuments historiques 71
Les travaux relatifs aux installations techniques
des services publics 71
Le dossier de déclaration préalable 72
Le dépôt du dossier 72
L'instruction de la demande 80
La décision 80
Les recours contentieux 82

Chapitre 5 : Réaliser seul sa construction 83

Devenir entrepreneur 85
Conclure les contrats d'entreprise 86
Le choix du marché 90
∎ Le marché à forfait 90
∎ Le marché au métré 91
Le choix des matériaux 91
Le choix de l'ouvrage 92
Le respect du délai 92
Sous-traiter 93

Chapitre 6 : Faire construire sur son propre terrain 99

Le contrat de construction de maison individuelle avec fourniture de plan 101

    Quand conclure un contrat de construction de maison individuelle ? 102

    Comment doit être formé le contrat de construction de maison individuelle ? 103

Quelles sont les obligations du constructeur ? 106

Quelles sont les obligations du maître de l'ouvrage ? 108

Le contrat de construction de maison individuelle sans fourniture de plan 109

    Que doit contenir le contrat ? 111

    Comment le contrat est-il exécuté ? 111

Chapitre 7 : Faire construire sans être propriétaire du terrain 113

Pour une bonne compréhension 115

    Les trois conditions déterminantes de la conclusion du contrat de vente d'immeuble à construire 115

        ▪ Première condition : un immeuble à usage d'habitation ou à usage professionnel et d'habitation 115

        ▪ Deuxième condition : un transfert de propriété 116

        ▪ Troisième condition : la réalisation de la construction 117

Les deux catégories de vente d'immeuble à construire 118

    La vente à terme 118

    La vente en l'état futur d'achèvement 118

Le contrat préliminaire à la vente d'immeuble à construire 118

    La rédaction du contrat 119

    Les obligations des parties 121

L'établissement du contrat définitif 122

    La rédaction du contrat 122

    Les obligations du contrat 123

        ▪ Les obligations du vendeur 123

        ▪ Les obligations de l'acheteur 124

La livraison de l'immeuble 126

Les garanties de bonne fin 127
    La garantie d'achèvement 128
        • La garantie intrinsèque 128
        • La garantie extrinsèque 128
    La garantie de remboursement 128
Le paiement du prix par l'acquéreur 129

Chapitre 8 : Mandater un promoteur 131

La formation du contrat 133
    Dans quels cas le contrat de promotion immobilière
    est-il obligatoire ? 135
    Quelles sont les conditions de formation du contrat ? 136
    Que doit contenir le contrat ? 136
Les obligations du promoteur 138
    L'obligation d'édifier 138
    L'obligation d'information 139
    L'obligation de garantir 140
Le paiement du prix par le maître de l'ouvrage 140

Chapitre 9 : Recourir à un architecte 143

Les obligations de l'architecte avant le début des travaux 145
    L'avant-projet 145
    Les choix de l'architecte 145
        • Le choix des matériaux 146
        • Le choix des entrepreneurs 146
Les obligations de l'architecte pendant les travaux 146
    La direction 146
    La surveillance 147
Les obligations de l'architecte après la livraison des travaux 147
Le paiement des honoraires de l'architecte 147

Chapitre 10 : Acheter une maison préfabriquée ou inachevée 149

La maison en kit 151

La maison prête à finir 152
    Premier cas : vous êtes propriétaire du terrain
    objet de la construction 153
    Deuxième cas : vous n'êtes pas propriétaire du terrain
    objet de la construction 153

La maison clefs en mains 154

La maison inachevée 154

Chapitre 11 : S'assurer 157

Les assurances obligatoires 159
    L'assurance de dommages 159
    L'assurance de responsabilité 160

Les garanties données par l'assureur 160
    L'assurance de dommages 161
    L'assurance de responsabilité 162

La déclaration du sinistre 163

Chapitre 12 : Engager la responsabilité du constructeur 169

Le défaut de conformité 171

Le dommage à l'ouvrage 173
    Les dommages relevant de la garantie décennale 174
        ▪ Premier cas 175
        ▪ Deuxième cas 175
        ▪ Troisième cas 175
    Les constructeurs soumis à la garantie décennale 176
    Le régime de la garantie décennale 176

Le non-fonctionnement d'un élément d'équipement 177

Le désordre 178

Le dommage intermédiaire 179

Le produit défectueux 179

Le retard dans la livraison 180

Le manquement à l'obligation de conseil
et d'information 180
Le manquement à l'obligation d'assistance 181
Le trouble anormal du voisinage 181
Annexe : Faire face à la faillite de l'entrepreneur 183
Bibliographie et adresses utiles 187
Index 189

www.ingramcontent.com/pod-product-compliance
Lightning Source LLC
Chambersburg PA
CBHW061642040426
42446CB00010B/1542